Buddha Śākyamuni

Guru Rinpoche

༄༅། །སློབ་དཔོན་ཆེན་པོ་པདྨ་འབྱུང་གནས་ཀྱིས་མཛད་པའི་མན་ངག་ལྟ་བའི་ཕྲེང་བའི་རྩ་བ་དང་མཆན་འགྲེལ་ནོར་བུའི་བང་མཛོད་ཅེས་བྱ་བ་བཞུགས། །

པདྨ་ཀཱ་རའི་སྒྲ་བསྒྱུར་མཐུན་ཚོགས་ནས་
སྒྲ་བསྒྱུར་ཞུས།།

Die Girlande der Sichtweisen

Ein Leitfaden zu Sicht, Meditation und Resultat der Neun Fahrzeuge

Padmasambhavas Klassiker

mit *einem Kommentar* von

Jamgön Mipham

Übersetzt aus dem Tibetischen
durch die Padmakara Translation Group

Übertragung ins Deutsche unter Beachtung des tibetischen Originals
durch Enrico Kosmus (Ngak'chang Rangdrol Dorje)

edition khordong

Titel der englischen Originalausgabe:
A Garland of Views
A Guide to View, Meditation, and Result in the Nine Vehicles
Padmasambhava's classic text with a commentary by Jamgön Mipham
Veröffentlicht 2015 bei Shambhala, Boston & London

ISBN: 978-3-942380-30-0

2. Auflage 2024

Erstlektorat: Oliver Ohanecian; Korrektorat: Gerhard Haberhauer
Gesamtlektorat, Satz, Gestaltung: Andreas Ruft, Berlin. Der Umschlagentwurf basiert auf der amerikanischen Ausgabe mit freundlicher Unterstützung von Shambhala (Umschlaggestaltung: Gopa & Ted2, Inc.).

Gedruckt bei SDL in Berlin auf FSC zertifiziertem 100% OBA-, säure-, chlor- und holzfreiem, recycle- und biologisch abbaubarem Papier, alterungsbeständig gemäß ISO 9706. Wir unterstützen NatureFund beim Pflanzen von Bäumen: Blue Planet Certificate 105WN

edition khordong ist eine Publikationsreihe begründet im Khordong e.V., inspiriert von Chimed Rigdzin Rinpoche (1922-2002) und veröffentlicht beim **WANDEL VERLAG** berlin. Bitte besuchen Sie unsere Webseiten:

Web:	khordong.net	wandel-verlag.de	tsagli.pictures
Mail:	edition@khordong.net	mail@wandel-verlag.de	

Wandel Verlag berlin 2020

Inhaltsverzeichnis

JU MIPHAM RINPOCHE (tib. འཇུ་མི་ཕམ་, Wylie: *'ju mi pham*) oder Jamgön Mipham Gyatso (tib. འཇམ་མགོན་མི་ཕམ་རྒྱ་མཚོ་, Wylie: *'jam mgon mi pham rgya mtsho*) (1846-1912) war ein großer Nyingma Meister, Gelehrter und Autor des letzten Jahrhunderts. Er war Schüler von Jamgön Kongtrul, Jamyang Khyentse Wangpo und Patrul Rinpoche. Er wurde zu einem der größten Gelehrten seiner Zeit. Seine Schriftsammlung füllt mehr als 30 Bände.

Der tibetische Titel von »Die Girlande der Sichtweisen« lautet: མན་ངག་ལྟ་བའི་ཕྲེང་བ་, Wylie: *man ngag lta ba'i phreng ba* und wird Padmasambhava (»Guru Rinpoche«) zugeschrieben.

Der tibetische Titel von »Der Juwelenschatz« lautet: སློབ་དཔོན་ཆེན་པོ་པདྨ་འབྱུང་གནས་ཀྱིས་མཛད་པའི་མན་ངག་ལྟ་བའི་ཕྲེང་བའི་མཆན་འགྲེལ་ནོར་བུའི་བང་མཛོད་, Wylie: *slob dpon chen po padma 'byung gnas kyis mdzad pa'i man ngag lta ba'i phreng ba'i mchan 'grel nor bu'i bang mdzod*. Dieser Kommentar ist von Ju Mipham Rinpoche und wurde von Jamyang Lodrö Gyamtso (Shechen Gyaltsap Pema Gyurme Namgyal, 1871–1926) aufgeschrieben.

Inhaltsübersicht zu *Der Juwelenschatz*

1) Präsentation des Kriyātantra
2) Präsentation des Ubhayatantra
3) Präsentation des Yogatantra
   a) Kurze Einführung
   b) Detaillierte Erklärung
      i) Präsentation des äußeren Yogatantra
      ii) Präsentation des inneren Yogatantra
         (A) Kurze Einführung
         (B) Detaillierte Erklärung
            (1) Eine allgemeine Erklärung der drei Methoden
               (a) Die Methode der Erzeugung
               (b) Die Methode der Vollendung
               (c) Die Methode der Großen Vollkommenheit
            (2) Eine spezielle Erklärung der Pfade für das Anwenden der drei Methoden
               (a) Die vier Arten der Realisation
               (b) Die drei Merkmale
               (c) Die vier Zweige
               (d) Die vier Stufen des Eintretens in das Maṇḍala

B. Eine Erklärung der verschiedenen Arten yogischer Disziplin
   1. Kurze Einführung
   2. Detaillierte Erklärung

III. Abschluss
   A. Die Schüler, für die diese Anleitungen gedacht sind
   B. Kolophon, der den Abschluss des Textes kennzeichnet

Einführung und Danksagung
(der deutschen Ausgabe)

Die »Girlande der Sichtweisen« (tib. *man ngag lta ba'i phreng ba*) ist ein grundlegendes Werk für das Verständnis des Vajrayāna. Daher gehört sie zu den Standardschriften für das Studium des Vajrayāna. Dieser Text ist auch der einzige in der Sammlung der mündlichen Überlieferungen (tib. *bka' ma*), der Padmasambhava zugeschrieben wird. Alle anderen Texte, die auf ihn zurückgeführt werden, gehören zu den Schatztexten (tib. *gter ma*). Diese Schrift wurde auch von Jamgön Kongtrul dem Großen in seine Sammlung »*Kostbares Schatzhaus der mündlichen Anweisungen*« (tib. *gdams ngag rin po che'i mdzod*) aufgenommen, da es den Ansatz des Mahāyoga am klarsten skizziert.

Kurz und bündig zeichnet Padmasambhava die Sichtweisen und Ansätze in neun Stufen, angefangen von den Ansätzen der Śrāvakas (Hörer) und Pratyekabuddhas (Alleinverwirklicher) hinauf zu der Herangehensweise der Bodhisattvas, führt weiter zu den äußeren und inneren Tantras mit dem Gipfel im Ansatz der Großen Vollkommenheit (Dzogchen). Besonders wichtig ist die zu Beginn geführte Abhandlung über die vier Sichtweisen. Viele Praktiken – buddhistische wie auch nicht-buddhistische – mögen in ihrer äußeren Form einander ähnlich aussehen. Dies hat in der Vergangenheit öfters zu Verwechslungen geführt. Mit einer klaren Abhandlung über und Einführung in die Sicht ist eine vollkommene Grundlage für die zum Ziel führende Praxis errichtet.

Neben dem Grundlagentext ist der Kommentar »*Der Juwelenschatz*« vom großen tibetischen Gelehrten Mipham Rinpoche eine weitere Quelle der Inspiration. Obwohl es mehrere Abhandlungen zur »*Girlande der Sichtweisen*« gibt, wird jener von Mipham Rinpoche bevorzugt, da er kurz und leicht verständlich ist. Wie es scheint, beruht der Kommentar Mipham Rinpoches auf seinen eigenen Notizen, die er sich am Rande dazugeschrieben hat. Diese wurden in den Text integriert.

Mit der Absicht, diesen wertvollen Studientext den deutschsprachigen Leserinnen und Lesern verfügbar zu machen, hoffe ich, einen weiteren Baustein zu einem korrekten Verständnis des Vajrayāna beitragen zu können.

Sehr herzlich bedanke ich mich auch bei meinem Lektor Oliver Ohanecian. Mit unermüdlichem Einsatz hat er diesen Text bearbeitet und meine Übersetzung lesbar gemacht. Mein Dank gilt auch Andreas Ruft, mit dem in mehreren Sitzungen noch an der einen und anderen deutlicheren Formulierung gefeilt wurde.

Ngak'chang Rangdrol Dorje
(Enrico Kosmus, 2020)

Vorwort

Der grosse indische Meister Padmasambhava wird als eine Emanation von Buddha Śākyamuni betrachtet, der vorausgesagt hatte, dass er ein großer Verbreiter der tantrischen Lehren in dieser Welt sein würde. Er war zusammen mit anderen großen Meistern maßgeblich daran beteiligt, im achten Jahrhundert die Lehren Buddhas in Tibet zu etablieren. So herausragend war sein Einfluss, dass er seitdem als Guru Rinpoche, der kostbare Lehrer, im Land des Schnees verehrt wurde.

Während die meisten der zahlreichen Belehrungen, die Padmasambhava während seines Aufenthalts in Tibet gab, von seinen Schülern und Schülerinnen als Schatz[1] versteckt wurden, um später von ihren Emanationen in Übereinstimmung mit den Vorhersagen des Gurus wiederentdeckt zu werden, ist dieser Text insofern ungewöhnlich, als er über die mündliche Überlieferung im Laufe der Jahrhunderte von Meister zu Schüler weitergegeben wurde. Darin gibt Guru Rinpoche einen Bericht über die verschiedenen Sichtweisen der verschiedenen Schulrichtungen der Buddhisten und Nicht-Buddhisten. Wenn wir das Erwachen oder die Buddhaschaft erreichen wollen, ist es für die Praxis des Pfades entscheidend, die rechte Sicht anzunehmen, denn wie Mipham Rinpoche betont hat, ist es notwendig, dass wir richtig

1 Tib. *gter*. Siehe dazu: Tulku Thondup. *Die verborgenen Schätze Tibets, Eine Erklärung der Termatradition der Nyingmaschule des Buddhismus.* Überarbeitete Neuausgabe. edition khordong, Wandel. Berlin, 2013

hinsehen müssen, wenn unsere Füße uns in die richtige Richtung führen sollen. Indem wir uns die verschiedenen Sichtweisen aneignen, können wir verstehen, welche Ansichten zurückgewiesen werden sollten und welche Sichtweisen uns am meisten auf unserem spirituellen Weg, der uns zur Buddhaschaft führt, nutzen werden.

Obwohl ein intellektuelles Verständnis der Sichtweise des Mittleren Weges, zum Beispiel durch Analyse und Debatte, nützlich ist, um als Grundlage für die korrekte Sichtweise zu dienen, ist es in diesem Text nicht Guru Rinpoches Absicht, uns mit einem Gegenstand zur akademischen Diskussion zu versorgen, sondern vielmehr, um uns zu inspirieren, den buddhistischen Weg aufrichtig zu praktizieren, mit dem Ziel, Buddhaschaft zu erlangen und all jenen zu nützen, deren falsche Ansichten sie in ihren gegenwärtigen Zustand der Verdunkelung und des Leidens geführt haben.

Ich bin sehr froh, dass die Padmakara Translation Group eine neue Übersetzung dieses kostbaren Werkes, zusammen mit dem erhellenden Kommentar von Mipham Rinpoche, für die westliche Leserschaft zur Verfügung gestellt hat und ich hoffe, dass alle, die es lesen, darin die nötige Inspiration finden, in ihrer spirituellen Praxis voranzuschreiten, so wie alle Buddhas in der Vergangenheit, und zu erwachen.

Jigme Khyentse Rinpoche

Einführung der Übersetzer
(der englischen Ausgabe)

Von der Zeit an, als er begann, den Dharma zu lehren, erkannte Buddha Śākyamuni in seinen Anhängern das sehr menschliche Bedürfnis, Dinge in ordentliche Kategorien einzuteilen. In einer Zeit, in der die Lehren noch nicht in schriftlicher Form bewahrt wurden, hing die Aufzeichnung und Übertragung des Wortes des Buddha von der Erinnerungsfähigkeit seiner Schüler ab. Für diejenigen, die nicht die übermenschlichen Kräfte der Arhats hatten, musste es eine wertvolle Hilfe sein, die verschiedenen Themen in Kategorien zu zerlegen. So wurde eine Aufzählungs- und Klassifizierungstradition etabliert, die von den großen indischen Meistern in den folgenden Jahrhunderten weiterentwickelt und verfeinert wurde.

Mit der Einführung des Buddhismus in Tibet im achten Jahrhundert wurde in relativ kurzer Zeit eine enorme Menge an Lehren aus Indien eingeführt. Für die Tibeter, die versuchten, diese Flut von neuen Ideen zu verstehen – mehr als tausend Jahre angesammelte Literatur, die eine große Anzahl verschiedener Linien und Denkschulen umfasst –, muss die Notwendigkeit, das Thema zu ordnen und zu klassifizieren, umso zwingender gewesen sein.

Ein Bereich, der tibetische Gelehrte beschäftigte, war die Klassifizierung der buddhistischen Lehren in Bezug auf die verschiedenen Arten von Menschen, die sie praktizieren könnten – mit anderen Worten, wie die Lehren in verschiedene Ansätze oder

Fahrzeuge unterteilt werden sollten. Die *Girlande der Sichtweisen* nimmt einen bedeutenden Platz in der Entwicklung dieser Klassifikation ein, denn sie wurde von dem großen indischen Meister Padmasambhava genau in dem Moment verfasst, als die buddhistischen Lehren in Tibet eingeführt wurden. Sie bildete die Grundlage für das System von neun Fahrzeugen (drei Sūtra-Fahrzeuge und sechs Tantra-Fahrzeuge), die später zur akzeptierten Methode zur Klassifizierung der verschiedenen buddhistischen Pfade in der Nyingma-Schule wurden, deren Lehren auf den früheren Übersetzungen des achten Jahrhunderts basiert. Das System, das von den Anhängern der Neuen Übersetzungsschulen übernommen wurde, basierte dagegen auf den Tantras, die ab dem zehnten Jahrhundert von Indien nach Tibet gebracht wurden und ein Schema von vier Tantra-Fahrzeugen anwenden.[2]

In der *Girlande der Sichtweisen* vergleicht Padmasambhava die verschiedenen Fahrzeuge anhand von drei Kriterien: Sicht, Meditation und Resultat. Den letzten Abschnitt des Textes widmet er einem Vergleich mit einem vierten Kriterium – spirituelles Training und yogische Disziplin oder Verhalten. Von allen diesen ist die Sichtweise von größter Wichtigkeit. Die Art, wie wir die Welt betrachten, entscheidet über den Pfad, den wir gehen werden, ob spirituell oder weltlich. Wenn wir Dinge falsch sehen, schaffen wir unser eigenes Leiden (und das Leiden anderer), und wenn wir unseren Zustand ändern wollen, müssen wir unsere Sicht auf die Realität radikal verändern. Sobald die Sichtweise etabliert wurde, können wir darüber meditieren, unseren Geist durch die Mittel der spirituellen Praxis zu trainieren und unsere Aktivitäten durch

2 Für eine Diskussion über die Entwicklung der Einordnung der Tantra-Fahrzeuge siehe Jacob Dalton. *A Crisis of Doxography: How Tibetans Organized Tantra during the 8th–12th Centuries.* Journal of the International Association of Buddhist Studies 28, no. 1 (2005): 115–81.

angemessenes Verhalten anpassen, bis wir schließlich das Resultat erreichen. Die besondere Sichtweise, mit der sich ein Mensch auf den spirituellen Weg begibt, hängt von seiner besonderen geistigen Veranlagung ab. Weil Individuen solch eine Vielfalt an Veranlagungen mit unterschiedlichem Grad an Fähigkeit und Bereitschaft zeigen, bestimmte Sichtweisen zu verstehen und zu akzeptieren, lehrten der Buddha und seine spirituellen Erben die verschiedenen Vehikel, die in diesem Text skizziert und in der Reihenfolge der zunehmenden Subtilität und Tiefe ihrer entsprechenden Sichtweisen beschrieben werden.

Padmasambhavas Präsentation dieser Fahrzeuge basiert auf einigen knappen Zeilen aus dem *Guhyagarbha-Tantra,* die von Mipham Rinpoche zu Beginn seines Kommentars zitiert werden. Tatsächlich ist die Bezeichnung von *Girlande der Sichtweisen* als »Kernanweisung« bezeichnend für seine Zugehörigkeit zu einem der drei Genres tantrischer Literatur – nämlich Tantras (skt. *tantra,* tib. *rgyud*), den von den Buddhas gelehrten Quellentexten in diesem und anderen Bereichen; erklärende Lehren (*āgama* oder *lung*), die die Themen der Tantras, auf die sie sich beziehen, erweitern; und Kern- oder essenzielle Anweisungen (*upadeśa* oder *man ngag*), in denen die komplexen und schwierigen Ideen, die in den Tantras und erklärenden Texten in einer Art und Weise präsentiert werden, die ihre Umsetzung erleichtert. Diese drei Kategorien können wiederum mit den drei inneren Yogas der Nyingma-Tradition in Verbindung gebracht werden – Mahāyoga, Anuyoga und Atiyoga.

Die *Girlande der Sichtweisen* ist also eine mit dem *Guhyagarbha-Tantra* verwandte Kernanweisung und ist eine Darstellung ihres Gegenstandes aus der Perspektive des Atiyoga oder der Großen Vollkommenheit. Aus diesem Grund stammen die meisten Zitate, die sowohl in Padmasambhavas Text als auch in

Mipham Rinpoches Kommentar verwendet wurden, aus diesem Tantra, was die besondere Wahl und Verwendung von Begriffen im Vergleich zu anderen Texten erklärt. Glücklicherweise werden einige dieser Unterschiede, insbesondere die Namen, die sich auf die nicht-buddhistischen Schulen beziehen, sorgfältig von Mipham erklärt. Es sollte auch angemerkt werden, dass, obwohl das *Guhyagarbha-Tantra* allgemein von Nyingma-Gelehrten als das Wurzel-Tantra des Fahrzeugs beschrieben wird, das sie jetzt als Mahāyoga bezeichnen, einige indische Meister im achten Jahrhundert es als die wichtigste kanonische Quelle für Atiyoga erachteten. In der Tat bezeichnet Mipham es als »das prachtvollste aller Tantras und erklärenden Lehren, die zeigen, dass alle Phänomene von Anfang an spontan als die Große Vollkommenheit gegenwärtig sind«.

Es ist daher wichtig, die Ursprünge der *Girlande der Sichtweisen* zu berücksichtigen, wenn man diesen dichten und schwierigen Text optimal nutzen möchte. Anfänger, die sich bemühen, ihre komplexen Ideen zu verstehen, sollten sich daran erinnern, dass Padmasambhava, wie der Untertitel des Textes andeutet, sie als Gedächtnisstütze für Schüler vorgesehen hatte, die bereits mit der Theorie und Praxis der von ihm beschriebenen Fahrzeuge vertraut waren. Selbst erfahrene Leser können sich durch seine Präsentation verwirrt fühlen, die ebenso das spezielle Denken der Zeit widerspiegelt wie der Inhalt des Wurzel-Tantras. Und während die Erklärungen von Mipham Rinpoche viele begrüßenswerte Details bereitstellen, sind Kommentare dieser Art, die zu dem Genre gehören, das als »Kommentare durch Anmerkungen« (tib. *mchan 'grel*) bekannt ist, nicht immer die einfachste Herangehensweise an ihr Thema.

Obwohl einige Arbeiten dieser Art vielleicht vorsätzlich mit Blick auf die Veröffentlichung abgefasst wurden, begannen viele von ihnen als Kopie einer ursprünglichen Abhandlung, in die der Autor Randnotizen eingefügt hatte. Die Notizen könnten auf mündlichen Erläuterungen der Abhandlung basieren oder aus entsprechenden Passagen bestehen, die aus vorhandenen Kommentaren kopiert wurden. Die daraus resultierende kommentierte Kopie könnte dem persönlichen Gebrauch des Autors und möglicherweise als Notizen für einer Reihe von Vorlesungen gedient haben, auf die beim Unterrichten Bezug genommen wird. Und wie es bei dem vorliegenden Kommentar der Fall war, entschieden sich seine Schüler manchmal erst nach dem Tod ihres Meisters, seine kommentierte Kopie in ein publizierbares Werk zu verwandeln, indem sie den Wurzeltext und die Randnotizen zu einer kohärenten Prosa zusammenfügten. Abgesehen von der Bereitstellung eines strukturellen Umrisses (*sa bcad*) und klaren Abschnittsüberschriften gab es wenig oder keine Bearbeitung, da die Worte des Meisters definitionsgemäß nicht verbessert werden sollten. Es ist daher nicht verwunderlich, dass Kommentare durch Anmerkungen bei all ihrer handlichen Prägnanz in mancher Hinsicht weniger leicht zu verstehen sind als längere und detailliertere Kommentare. Und es sollte angemerkt werden, dass in der traditionellen Umgebung der Mönchsschulen in Tibet selbst die zugänglichsten Kommentare selten ohne die vollständigen begleitenden Erklärungen der gelehrten *Khenpos* gelesen wurden.

In diesem Buch haben wir versucht, durch die Bereitstellung von Anmerkungen und eines Glossars es dem Leser etwas zu erleichtern. Ausführlichere Informationen über die Große Vollkommenheit und die neun Fahrzeuge sollten bei qualifizierten Lehrern erfragt und in der einschlägigen Literatur (siehe die Bibliografie am Ende des Buches) gesucht werden. Es ist unsere Hoffnung, dass, nach dem wiederholten Studium der buddhistischen Lehren, unsere Leser in dieser Übersetzung die Auffrischung für ihr Gedächtnis finden werden, die Guru Padmasambhava beabsichtigt hat und dass sie in der Lage sein werden, die Segnungen seiner Worte der Wahrheit aufzunehmen, so sehr diese auch durch unser eigenes sehr begrenztes Verständnis verzerrt und abgeschwächt sein mögen.

Die Übersetzung dieses Werkes wäre ohne den großzügigen Rat und die Unterstützung unserer Lehrer, insbesondere Pema Wangyal Rinpoche und Jigme Khyentse Rinpoche, unmöglich gewesen. Wir sind auch Alak Zenkar Rinpoche und Khenpo Tenzin Norgay sehr dankbar für die Zeit, in der sie unsere Fragen beantwortet haben. Die Hauptarbeit des Übersetzens der *Girlande der Sichtweisen* wurde von Stephen Gethin geleistet, der alleine für Fehler und Fehlinterpretationen verantwortlich ist. Unschätzbare Hilfe wurde von anderen Mitgliedern der Padmakara-Übersetzungsgruppe erhalten: Wulstan Fletcher, der den Übersetzungsentwurf sorgfältig durchlas, und Helena Blankleder und John Canti, die viele nützliche Vorschläge machten. Larrie Gethin las freundlicherweise den endgültigen Entwurf und wies auf einige Unstimmigkeiten hin. Erneut sind wir der Tsadra Foundation für die großzügige und geduldige Unterstützung dieses Übersetzungsprojekts verpflichtet. Schließlich sind wir wie immer Nikko Odiseos, Michael Wakoff und dem Shambhala-Team für ihre Energie und ihr Know-how bei der Herstellung des fertigen Buches dankbar.

Die Girlande der Sichtweisen

Eine Kernunterweisung des Großen Meisters Padmasambhava

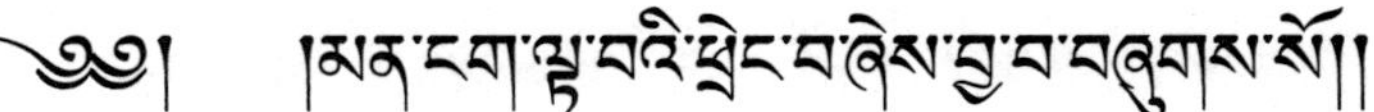

༄༅། །ལྟ་བ་དང་ཐེག་པ་ལ་སོགས་པའི་ཁྱད་པར་བསྡུས་པའི་བསྐྱུད་བྱང་།

བཅོམ་ལྡན་འདས་འཇམ་དཔལ་གཞོན་ནུ་དང་། རྡོ་རྗེ་ཆོས་ལ་ཕྱག་འཚལ་ལོ། །

འཇིག་རྟེན་གྱི་ཁམས་ན་སེམས་ཅན་ཕྱིན་ཅི་ལོག་གི་ལྟ་བ་གྲངས་མེད་པ་མདོ་རྣམ་པ་བཞིར་འདུས་ཏེ། ཕྱལ་བ་དང་། རྒྱང་འཕེན་དང་། མུར་ཐུག་དང་། མུ་སྟེགས་པའོ། །

དེ་ལ་ཕྱལ་བ་ནི་ཆོས་ཐམས་ཅད་རྒྱུ་དང་འབྲས་བུ་ཡོད་མེད་དུ་མ་རྟོགས་ཏེ། ཀུན་ཏུ་རྨོངས་པའོ། །

རྒྱང་འཕེན་ནི་ཚེ་སྔ་ཕྱི་ཡོད་མེད་དུ་མ་རྟོགས་ཤིང་། ཚེ་གཅིག་ལ་བཙན་ཕྱུག་དང་མཐུ་སྟོབས་སྒྲུབ་པ་སྟེ། འཇིག་རྟེན་གྱི་གསང་ཚིག་ལ་བརྟེན་པའོ། །

མུར་ཐུག་པ་ནི། ཆོས་ཐམས་ཅད་རྒྱུ་དང་འབྲས་བུ་མེད་པ་སྟེ། ཚེ་གཅིག་ལ་སྐྱེས་པའི་ཆོས་ཐམས་ཅད་གློ་བུར་དུ་སྐྱེས་ལ་མཐའ་ཆད་པར་ལྟ་བའོ། །

མུ་སྟེགས་པ་ནི་ཆོས་ཐམས་ཅད་ལ་ཀུན་ཏུ་བརྟགས་པས་བདག་རྟག་པ་ཞིག་ཡོད་པར་ལྟ་བ་སྟེ། དེ་ལ་ཡང་རྒྱུ་མེད་ལ་འབྲས་བུ་ཡོད་པར་ལྟ་བ་དང་། རྒྱུ་འབྲས་ལོག་པར་ལྟ་བ་དང་། རྒྱུ་ཡོད་པ་ལ་འབྲས་བུ་མེད་པར་ལྟ་བ་དང་། །

འདི་དག་ནི་མ་རིག་པའི་ལྟ་བའོ། །

Eine Gedächtnisstütze, die die charakteristischen Merkmale der Sichtweisen und Fahrzeuge zusammenfasst. Ich verehre den jugendlichen Mañjuśrī und Vajradharma.

Die falschen Sichtweisen, die von Wesen in der Welt gehegt werden, sind ohne Zahl, aber sie können als vier Arten zusammengefasst werden: als die der Unreflektierten, der Materialisten, der Nihilisten und der Eternalisten.

Die Unreflektierten haben kein Verständnis dafür, ob Phänomene die Ursachen oder Ergebnisse von irgendetwas sind oder nicht. Sie sind völlig verwirrt.

Die Materialisten haben kein Verständnis dafür, ob es frühere und zukünftige Leben gibt oder nicht. Sie arbeiten, um Stärke, Reichtum und Kraft in diesem einen Leben zu erlangen, für das sie sich auf das geheime Wissen der weltlichen Wesen verlassen.

Nihilisten glauben nicht, dass Dinge Ursachen und Auswirkungen haben. Für sie ist alles, was in diesem einen Leben geschieht, »einfach so« und erlöscht schließlich.

Eternalisten glauben an ein permanentes Selbst, das sie sich in allen Phänomenen vorstellen. Manche glauben an eine Realität – eine Wirkung – für die es keine Ursache gibt. Manche haben eine falsche Sicht auf die Kausalität. Einige glauben, dass, während die Ursache real ist, die Auswirkungen unwirklich sind.

All dies sind die Ansichten des Nichtwissens.

འཇིག་རྟེན་ལས་འདས་པའི་ལམ་ལ་ཡང་རྣམ་པ་གཉིས་ཏེ། མཚན་ཉིད་ཀྱི་ཐེག་པ་དང་རྡོ་རྗེའི་ཐེག་པའོ། །

མཚན་ཉིད་ཀྱི་ཐེག་པ་ལ་ཡང་རྣམ་པ་གསུམ་སྟེ་ཉན་ཐོས་ཀྱི་ཐེག་པ་དང་། རང་སངས་རྒྱས་ཀྱི་ཐེག་པ་དང་། བྱང་ཆུབ་སེམས་དཔའི་ཐེག་པའོ། །

དེ་ལ་ཉན་ཐོས་ཀྱི་ཐེག་པ་ལ་ཞུགས་པ་རྣམས་ཀྱི་ལྟ་བ་ནི། ཆོས་ཐམས་ཅད་ལ་མུ་སྟེགས་པ་ལ་སོགས་པས་སྒྲོ་དང་སྐུར་བས་ཀུན་ཏུ་བརྟགས་པས། ཡེ་མེད་པ་ཆད་པའི་ལྟ་བ་དང་། རྟག་པ་ལ་སོགས་པའི་ཡོད་པར་ལྟ་བ་ནི། ཐག་པ་ལ་སྦྲུལ་དུ་མཐོང་བ་བཞིན་དུ་མེད་དེ། ཕུང་པོ་ཁམས་དང་སྐྱེ་མཆེད་ལ་སོགས་པའི་འབྱུང་བ་ཆེན་པོ་བཞིའི་རྡུལ་ཕྲ་རབ་དང་། རྣམ་པར་ཤེས་པ་ནི་དོན་དམ་པར་ཡོད་པར་ལྟ་ཞིང་། འཕགས་པའི་བདེན་པ་བཞི་བསྒོམས་པས་རིམ་གྱིས་འབྲས་བུ་རྣམ་པ་བཞི་འགྲུབ་པ་ཡིན་ནོ། །

རང་སངས་རྒྱས་ཀྱི་ཐེག་པ་ལ་ཞུགས་པ་རྣམས་ཀྱི་ལྟ་བ་ནི། ཆོས་ཐམས་ཅད་ལ་མུ་སྟེགས་ལ་སོགས་པས་སྒྲོ་དང་སྐུར་པས་ཀུན་ཏུ་བརྟག་པའི་བདག་རྟག་པ་ལ་སོགས་པ་མེད་པར་ལྟ་བ་ཉན་ཐོས་དང་མཐུན། དེ་ལས་ཁྱད་པར་དུ་གཟུགས་ཀྱི་ཕུང་པོའི་ཆོས་ཀྱི་ཕྱོགས་གཅིག་ལ་བདག་མེད་པར་རྟོགས་ཤིང་། རང་བྱང་ཆུབ་ཀྱི་འབྲས་བུ་འཐོབ་པའི་དུས་ནའང་། ཉན་ཐོས་ལྟར་དགེ་བའི་བཤེས་གཉེན་ལ་མི་ལྟོས་པར་སྔོན་གོམས་པའི་ཤུགས་ཀྱིས་རྟེན་ཅིང་འབྲེལ་བར་འབྱུང་བ་ཡན་ལག་བཅུ་གཉིས་ཀྱི་སྒོ་ནས་ཆོས་ཉིད་ཟབ་མོའི་དོན་རྟོགས་ནས། རང་བྱང་ཆུབ་ཀྱི་འབྲས་བུ་ཐོབ་པ་ཡིན་ནོ།།

Der Weg, der über die Welt hinausführt, hat zwei Aspekte: das Fahrzeug der Merkmale und das Vajrayāna.

Das Fahrzeug mit Merkmalen hat drei weitere Kategorien: das Fahrzeug der Hörer [Śrāvakayāna], das Fahrzeug der Alleinverwirklicher [Pratyekabuddhayāna] und das Fahrzeug der Bodhisattvas [Bodhisattvayāna].

Die Anhänger des Śrāvakayāna glauben, dass die Sichtweisen der Eternalisten usw. konzeptuelle Übertreibungen und Abwertungen der Phänomene insgesamt darstellen. Sie sind daher der Ansicht, dass die nihilistische Sichtweise, dass Dinge niemals existiert haben, und die eternalistische, dass sie dauerhaft existieren und so weiter, ebenso ungültig sind wie der Glaube, dass ein Seil eine Schlange ist. Sie sind der Meinung, dass die unendlich kleinen Teilchen der vier großen Elemente, aus denen die Aggregate, Elemente, Sinnesfelder usw. bestehen, sowie die Bewusstseinsmomente auf der letzten Ebene existieren. Indem sie über die vier edlen Wahrheiten meditieren, erzielen sie schrittweise die vier Resultate.

Diejenigen, die dem Pratyekabuddhayāna folgen, stimmen mit den Śrāvaka darin überein, das dauerhafte Selbst und so weiter zu verleugnen, das sich von den Eternalisten und anderen vorgestellt wird, mit all ihren konzeptionellen Übertreibungen und Abwertungen aller Phänomene. Sie unterscheiden sich von ihnen jedoch darin, dass sie die Abwesenheit eines Selbst in den Phänomenen, die sich auf das Aggregat der Form beziehen, teilweise erkannt haben. Und im Gegensatz zu den Śrāvaka, wenn sie das Ergebnis (Erleuchtung als Pratyekabuddha) erreichen, tun sie dies, ohne sich auf einen spirituellen Lehrer zu stützen. Es ist vielmehr durch die Kraft der vorherigen Gewöhnung, dass sie die tiefgründige letztendliche Natur der Phänomene in Bezug auf die zwölf Glieder des abhängigen Entstehens realisieren und anschließend das Ergebnis erzielen: die Erleuchtung der Pratyekabuddhas.

༄༅། བྱང་ཆུབ་སེམས་དཔའི་ཐེག་པ་ལ་ཞུགས་པ་རྣམས་ཀྱི་ལྟ་བ་ནི། ཀུན་ནས་ཉོན་མོངས་པ་དང་རྣམ་པར་བྱང་བའི་ཆོས་ཐམས་ཅད་དོན་དམ་པར་ནི་རང་བཞིན་མེད་པ་ཡིན་ལ། ཀུན་རྫོབ་ཏུ་ནི་སྒྱུ་མ་ཙམ་དུ་སོ་སོའི་མཚན་ཉིད་མ་འདྲེས་པར་ཡོད་དེ། ཕ་རོལ་ཏུ་ཕྱིན་པ་བཅུ་སྤྱོད་པའི་འབྲས་བུ་ས་བཅུ་རིམ་གྱིས་བགྲོད་པའི་མཐར་བླ་ན་མེད་པའི་བྱང་ཆུབ་ཏུ་འགྲུབ་པར་འདོད་པ་ཡིན་ནོ།།

༄༅། རྡོ་རྗེ་ཐེག་པ་ལ་ཡང་རྣམ་པ་གསུམ་སྟེ། བྱ་བའི་རྒྱུད་ཀྱི་ཐེག་པ་དང་། གཉིས་ཀ་རྒྱུད་ཀྱི་ཐེག་པ་དང་། རྣལ་འབྱོར་གྱི་ཐེག་པའོ། །

དེ་ལ་བྱ་བའི་རྒྱུད་ཀྱི་ཐེག་པ་ལ་ཞུགས་པ་རྣམས་ཀྱི་ལྟ་བ་ནི། དོན་དམ་པར་སྐྱེ་འགགས་མེད་པ་ལས། ཀུན་རྫོབ་ཏུ་ལྷའི་གཟུགས་ཀྱི་སྐུར་སྒོམ་ཞིང་སྐུའི་གཟུགས་བརྙན་དང་། ཕྱག་མཚན་དང་། བཟླས་བརྗོད་དང་། གཙང་སྦྲ་དང་། དུས་ཚིག་དང་། གཟའ་དང་། རྒྱུ་སྐར་ལ་སོགས་པ་གཙོ་བོར་ཡོ་བྱད་དང་རྒྱུ་རྐྱེན་ཚོགས་པའི་མཐུ་ལས་འགྲུབ་པའོ།།

༄༅། གཉིས་ཀ་རྒྱུད་ཀྱི་ཐེག་པ་ལ་ཞུགས་པ་རྣམས་ཀྱི་ལྟ་བ་ནི། དོན་དམ་པར་སྐྱེ་འགགས་མེད་པ་ལས། ཀུན་རྫོབ་ཏུ་ལྷའི་གཟུགས་ཀྱི་སྐུ་བསྒོམ་ཞིང་། དེ་ཉིད་རྣམ་པ་བཞི་དང་ལྡན་པར་སྒོམ་པའི་ཏིང་ངེ་འཛིན་དང་། ཡོ་བྱད་དང་རྒྱུ་རྐྱེན་ལ་སོགས་པ་གཉིས་ཀ་ལ་བརྟེན་པ་ལས་འགྲུབ་པའོ།།

༄༅། རྣལ་འབྱོར་རྒྱུད་ཀྱི་ཐེག་པ་ལ་ཞུགས་པ་རྣམས་ཀྱི་ལྟ་བ་ནི་རྣམ་པ་གཉིས་ཏེ། རྣལ་འབྱོར་ཕྱི་པ་ཐུབ་པའི་རྒྱུད་ཀྱི་ཐེག་པ་དང་།

Die Sichtweise derjenigen, die dem Bodhisattva-Fahrzeug folgen, ist, dass auf der letzten Ebene alle Phänomene, ob totales Leid oder völlige Reinheit, keine inhärente Existenz haben, während sie auf der relativen Ebene bloße Illusionen sind, jede mit ihren eigenen unterschiedlichen Merkmalen. Als Ergebnis ihrer Ausbildung in den zehn transzendenten Vollkommenheiten durchlaufen die Bodhisattvas schrittweise die zehn Stufen, an deren Ende sie eine unübertreffliche Erleuchtung erreichen.

Das Vajrayāna ist ebenfalls in drei Teile unterteilt: das Fahrzeug des Kriyātantra, das Fahrzeug des Ubhayatantra und das Fahrzeug des Yogatantra.

Die Sichtweise derjenigen, die dem Fahrzeug des Kriyātantra folgen, ist, dass es auf letztendlicher Ebene kein Erscheinen oder Vergehen gibt. Auf dieser Grundlage meditieren sie auf relativer Ebene über den Formkörper der Gottheit. Durch die Kraft des Verbindens des Abbildes des Körpers der Gottheit, ausgestattet mit den Symbolen, die den Geist der Gottheit symbolisieren, der Rezitation des Mantras sowie den erforderlichen Bestandteilen (vor allem die Einhaltung der Sauberkeit, die Beachtung bestimmter Zeiten, der Planeten, Konstellationen und so weiter), zusammen mit der Ursache und den Bedingungen wird die Vollendung erreicht.

Die Sichtweise derjenigen, die dem Fahrzeug des Ubhayatantra folgen, ist, dass es letztendlich kein Erscheinen oder Vergehen gibt. Auf dieser Grundlage meditieren sie auf relativer Ebene über den Formkörper der Gottheit. Indem sie sich sowohl auf die meditative Konzentration mit vier Prinzipien als auch auf alle anderen erforderlichen Elemente, Ursachen und Bedingungen stützen, werden sie erfolgreich sein.

Die Sichtweise derjenigen, die dem Fahrzeug des Yogatantra folgen, hat zwei Aspekte – das Fahrzeug des äußeren Yogatantra

རྣལ་འབྱོར་ནང་པ་ཐབས་ཀྱི་རྒྱུད་ཀྱི་ཐེག་པའོ། །

དེ་ལ་རྣལ་འབྱོར་ཕྱི་པ་ཐུབ་པའི་རྒྱུད་ཀྱི་ཐེག་པ་ལ་ཞུགས་པ་རྣམས་ཀྱི་ལྟ་བ་ནི། ཕྱི་ཡོ་བྱད་ལ་གཙོ་བོར་མི་འཛིན་པར་དོན་དམ་པ་སྐྱེ་འགགས་མེད་པའི་ལྷ་དང་ལྷ་མོ་དང་། དེ་དང་འདྲ་བའི་རྒྱུད་ཡོངས་སུ་དག་པའི་ཏིང་ངེ་འཛིན་གྱིས་འཕགས་པའི་གཟུགས་ཀྱི་སྐུ་ཕྱག་རྒྱ་བཞི་ལྡན་པར་བསྒོམས་པའི་རྣལ་འབྱོར་གཙོ་བོར་བྱས་པ་ལས་གྲུབ་པའོ། །

རྣལ་འབྱོར་ནང་པ་ཐབས་ཀྱི་རྒྱུད་ཀྱི་ཐེག་པ་ལ་ཞུགས་པ་རྣམས་ཀྱི་ལྟ་བ་ནི་རྣམ་པ་གསུམ་སྟེ། བསྐྱེད་པའི་ཚུལ་དང་། རྫོགས་པའི་ཚུལ་དང་། རྫོགས་པ་ཆེན་པོའི་ཚུལ་ལོ། །

དེ་ལ་བསྐྱེད་པའི་ཚུལ་ནི་ཏིང་ངེ་འཛིན་རྣམ་པ་གསུམ་རིམ་གྱིས་བསྐྱེད་དེ་དཀྱིལ་འཁོར་རིམ་གྱིས་བཀོད་ཅིང་བསྒོམ་པས་འགྲུབ་པའོ། །

རྫོགས་པའི་ཚུལ་ནི་དོན་དམ་པར་སྐྱེ་འགགས་མེད་པའི་ལྷ་དང་ལྷ་མོ་དང་། རྣམ་པར་མི་རྟོག་པའི་དོན་དབུ་མ་ཆོས་ཀྱི་དབྱིངས་ལས་ཀྱང་མ་གཡོས་ལ། ཀུན་རྫོབ་ཏུ་འཕགས་པའི་གཟུགས་ཀྱི་སྐུ་ཡང་གསལ་བར་བསྒོམས་ཤིང་མཉམ་ལ་མ་འདྲེས་པར་བསྒོམ་པས་འགྲུབ་བོ།།

༈ རྫོགས་པ་ཆེན་པོའི་ཚུལ་ནི། འཇིག་རྟེན་དང་འཇིག་རྟེན་ལས་འདས་པའི་ཆོས་ཐམས་ཅད་དབྱེར་མེད་པར་སྐུ་གསུང་ཐུགས་ཀྱི་དཀྱིལ་འཁོར་གྱི་རང་བཞིན་ཡེ་ནས་ཡིན་པར་རྟོགས་ནས་སྒོམ་པ་སྟེ།

der Entbehrung und das Vehikel des inneren Yogatantra der geschickten Mittel.

Die Sichtweise derjenigen, die dem Fahrzeug des äußeren Yogatantra der Entbehrung folgen, ist wie folgt. Anstatt die äußeren Anforderungen zu betonen, halten sie die yogische Praxis für am wichtigsten: Sie meditieren über die männlichen und weiblichen Gottheiten, die auf der letztendlichen Ebene jenseits von Erscheinen oder Vergehen sind; und mit der Konzentration eines vollkommen reinen Geistes, der mit dieser Sichtweise übereinstimmt, meditieren sie, versiegelt mit den vier *Mudrās*, über den Formkörper der erhabenen Gottheit. Auf diese Weise erhalten sie Verwirklichung.

Die Sichtweise derjenigen, die dem Fahrzeug des inneren Yogatantras der geschickten Mittel folgen, hat drei Aspekte: die Methode der Erzeugung, die Methode der Vollendung und die Methode der Großen Vollkommenheit.

Bei der Methode der Erzeugung werden die drei Konzentrationen allmählich entwickelt und das Maṇḍala schrittweise aufgebaut. Wenn man auf diese Weise meditiert, wird Verwirklichung erreicht.

In der Methode der Vollendung entfernt man sich auf der letztendlichen Ebene niemals von den männlichen und weiblichen Gottheiten (die auf der letztendlichen Ebene jenseits von Erscheinen und Vergehen sind) und aus der Weite der Wahrheit, dem mittleren Weg jenseits aller Begriffe. Auf der relativen Ebene visualisiert man deutlich den Formkörper der erhabenen Gottheit und meditiert über alles als dasselbe, dennoch unterscheidbar. Auf diese Weise erreicht man Verwirklichung.

In der Methode der Großen Vollkommenheit erkennt man, dass alle Phänomene, weltlich und überweltlich, untrennbar miteinander verbunden sind, da sie von Natur aus und von Anfang an

དེ་ཡང་རྒྱུད་ལས།

རྡོ་རྗེ་ཕུང་པོའི་ཡན་ལག་ནི། །
རྫོགས་པའི་སངས་རྒྱས་ལྔ་རུ་གྲགས། །
སྐྱེ་མཆེད་ཁམས་རྣམས་མང་པོ་ཀུན། །
བྱང་ཆུབ་སེམས་དཔའི་དཀྱིལ་འཁོར་ཉིད། །
ས་ཆུ་སྤྱན་དང་མཱ་མ་ཀཱི །
མེ་རླུང་གོས་དཀར་སྒྲོལ་མ་སྟེ། །
ནམ་མཁའ་དབྱིངས་ཀྱི་དབང་ཕྱུག་མ། །
སྲིད་གསུམ་ཡེ་ནས་རྣམ་པར་དག །ཅེས་འབྱུང་སྟེ། །

འཁོར་བ་དང་མྱ་ངན་ལས་འདས་པའི་ཆོས་ཐམས་ཅད་ཡེ་ནས་མ་སྐྱེས་ལ། བྱ་བ་བྱེད་ནུས་པའི་སྒྱུ་མ་བདེ་བར་གཤེགས་པ་ཡབ་ཡུམ་བཅུ་ལ་སོགས་པའི་རང་བཞིན་ཡེ་ནས་ཡིན་པའི་ཕྱིར། །

ཆོས་ཐམས་ཅད་རང་བཞིན་གྱིས་མྱ་ངན་ལས་འདས་པ་སྟེ། ཆེན་པོ་ལྔ་ནི་ཡུམ་ལྔའི་རང་བཞིན། ཕུང་པོ་ལྔ་ནི་རིགས་ལྔའི་སངས་རྒྱས། རྣམ་པར་ཤེས་པ་བཞི་ནི་བྱང་ཆུབ་སེམས་དཔའ་བཞིའི་རང་བཞིན། ཡུལ་བཞི་ནི་མཛེས་པའི་ལྷ་མོ་བཞིའི་རང་བཞིན། དབང་པོ་བཞི་ནི་བྱང་ཆུབ་སེམས་དཔའ་བཞིའི་རང་བཞིན། དུས་བཞི་ནི་མཆོད་པའི་ལྷ་མོ་བཞིའི་རང་བཞིན། །

ལུས་ཀྱི་དབང་པོ་དང་རྣམ་པར་ཤེས་པ་དང་། ཡུལ་དང་དེ་ལས་བྱུང་བའི་བྱང་ཆུབ་ཀྱི་སེམས་ནི། ཁྲོ་བོ་བཞིའི་རང་བཞིན། རྟག་ཆད་མུ་བཞི་ནི་ཁྲོ་མོ་བཞིའི་རང་བཞིན། ཡིད་ཀྱི་རྣམ་པར་ཤེས་པ་ནི་བྱང་ཆུབ་ཀྱི་སེམས་རྡོ་རྗེ་ཀུན་ཏུ་བཟང་པོའི་རང་བཞིན།

das Maṇḍala des erleuchteten Körpers, der Rede und des Geistes sind. Man meditiert dann darüber.

Wie im Tantra gesagt wird:

Die Vajra-Aggregate
sind als die fünf perfekten Buddhas bekannt.
All die vielen Sinnesfelder
sind das Maṇḍala der Bodhisattvas.
Erde ist Locanā, Wasser Māmakī,
Feuer ist Pāṇḍaravāsinī, Wind ist Tārā
und Raum ist Dhātvīśvarī.
Die drei Welten sind von Anfang an rein.

Die Phänomene von Saṃsāra und Nirvāṇa sind von Anfang an ungeboren, erscheinen aber in der Art von Illusionen, funktionsfähig und haben von Anfang an die Natur der zehn männlichen und weiblichen Buddhas und so weiter.

Alle Phänomene sind daher von Natur aus der Zustand des Nirvāṇa. Die fünf großen Elemente sind von Natur aus die fünf weiblichen Buddhas. Die fünf Aggregate sind die Buddhas der fünf Familien. Die vier Arten von Bewusstsein sind von Natur aus vier Bodhisattvas, und ihre vier Objekte sind von Natur aus vier wunderschöne Göttinnen. Die vier Sinneskräfte sind von Natur aus vier Bodhisattvas, und die vier Zeiten sind von Natur aus vier Göttinnen der Opfergaben.

Das Organ der körperlichen Empfindung, das damit verbundene Bewusstsein, sein Gegenstand und das daraus hervorgehende Bodhicitta sind von Natur aus vier männliche grimmige Gottheiten. Die vier extremen Sichtweisen von Ewigkeit, Nihilismus und dem Rest sind die vier grimmigen weiblichen Gottheiten. Das Geistbewusstsein, das vajragleiche Bodhicitta, ist von Natur aus

ཡུལ་ཆོས་འདུས་བྱས་དང་འདུས་མ་བྱས་ནི། ཆོས་བྱ་བ་མོ་ཀུན་ཏུ་བཟང་མོའི་རང་བཞིན་ཏེ། །

དེ་དག་ཀྱང་ཡེ་ནས་མངོན་པར་རྫོགས་པར་སངས་རྒྱས་པའི་རང་བཞིན་ཡིན་གྱི། དེ་ལམ་གྱིས་སྒྲུབ་པ་མ་ཡིན་ནོ། །

དེ་ལྟར་ཕྱོགས་བཅུ་དུས་གསུམ་དང་། ཁམས་གསུམ་ལ་སོགས་པ་འདུས་བྱས་དང་འདུས་མ་བྱས་པའི་ཆོས་ཐམས་ཅད་རང་གི་སེམས་ལས་གུད་ན་མེད་དེ། ཇི་སྐད་དུ།

རང་སེམས་སོ་སོར་རྟོག་པ་ནི། །
སངས་རྒྱས་བྱང་ཆུབ་དེ་ཉིད་དོ། །
འཇིག་རྟེན་གསུམ་པོ་དེ་ཉིད་དོ། །
འབྱུང་བ་ཆེ་རྣམས་དེ་ཉིད་དོ། །ཞེས་འབྱུང་ངོ་། །

ཇི་སྐད་དུ། །

ཆོས་རྣམས་ཐམས་ཅད་ནི་སེམས་ལ་གནས་སོ། །
སེམས་ནི་ནམ་མཁའ་ལ་གནས་སོ། །
ནམ་མཁའ་ནི་ཅི་ལ་ཡང་མི་གནས་སོ། །ཞེས་འབྱུང་བ་དང་། །
ཆོས་ཐམས་ཅད་ནི་ངོ་བོ་ཉིད་ཀྱིས་སྟོང་པའོ། །
ཆོས་ཐམས་ཅད་ནི་གདོད་མ་ནས་རྣམ་པར་དག་པའོ། །
ཆོས་ཐམས་ཅད་ནི་ཡོངས་ཀྱི་འོད་གསལ་བའོ། །
ཆོས་ཐམས་ཅད་ནི་རང་བཞིན་གྱིས་མྱ་ངན་ལས་འདས་པའོ། །
ཆོས་ཐམས་ཅད་ནི་མངོན་པར་རྫོགས་པར་སངས་རྒྱས་པའོ། །ཞེས་གསུངས་སོ། །

འདི་ནི་རྫོགས་པ་ཆེན་པོའོ། །

Samantabhadra. Seine sowohl zusammengesetzten als auch nicht zusammengesetzten Objekte sind von Natur aus Samantabhadrī, die Matrix aller Phänomene.

Alle eben genannten Dinge haben von Anfang an das Wesen eines vollkommenen, manifestierten Buddhas. Dies ist nicht etwas, das durch die Praxis des Pfades erst neu geschaffen wurde.

Daher gibt es keine Phänomene, egal ob zusammengesetzt oder nicht zusammengesetzt (die zehn Richtungen, die drei Zeiten, die drei Welten usw.), die getrennt vom eigenen Geist existieren. Wie es heißt:

> Unterscheidendes Bewusstsein, unser Geist,
> sind die Buddhas und die Bodhisattvas.
> Die drei Welten sind einfach so.
> Die großen Elemente sind einfach das.

Und:

> Alle Phänomene verweilen im Geist.
> Der Geist verweilt im Raum.
> Und der Raum selbst hat keinen Wohnsitz.

Und:

> Alle Phänomene sind von Natur aus leer.
> Alle Phänomene sind ursprünglich vollkommen rein.
> Alle Phänomene sind ganz und gar strahlend.
> Alle Phänomene sind von Natur aus Nirvāṇa.
> Alle Phänomene sind der vollkommene, manifeste
> Zustand der Erleuchtung.

So ist die Große Vollkommenheit.

རྫོགས་པ་ཆེན་པོའི་ཚུལ་དེ་ནི། དེ་ལ་རྫོགས་པ་ཆེན་པོའི་ཚུལ་ནི། བསོད་ནམས་དང་ཡེ་ཤེས་ཀྱི་ཚོགས་རྫོགས་པ། འབྲས་བུའི་ཆོས་ལྡན་གྱིས་གྲུབ་པའི། ཚུལ་འདི་ནི་དོན་ལ་འཇུག་པའོ། །

རྟོགས་པ་རྣམ་བཞིའི་ལམ་གྱིས་ཡིད་ཆེས་ཏེ། རྟོགས་པ་རྣམ་པ་བཞི་ནི། རྒྱུ་གཅིག་པར་རྟོགས་པ་དང་། ཡིག་འབྲུའི་ཚུལ་གྱིས་རྟོགས་པ་དང་། བྱིན་གྱིས་རློབས་ཀྱིས་རྟོགས་པ་དང་། མངོན་སུམ་པར་རྟོགས་པའོ། །

དེ་ལ་རྒྱུ་གཅིག་པར་རྟོགས་པ་ནི། ཆོས་ཐམས་ཅད་དོན་དམ་པར་མ་སྐྱེས་པས་སོ་སོ་མ་ཡིན་པ་དང་། ཀུན་རྫོབ་ཏུ་སྒྱུ་མའི་མཚན་ཉིད་དུ་སོ་སོ་མ་ཡིན་པ་དང་། མ་སྐྱེས་པ་ཉིད་ཆུ་ཟླ་ལྟར་སྒྱུ་མ་སྣ་ཚོགས་སུ་སྣང་ཞིང་བྱ་བ་བྱེད་ནུས་པ་དང་། སྒྱུ་མ་ཉིད་ངོ་བོ་མེད་དེ་མ་སྐྱེས་པས་ཀུན་རྫོབ་དང་དོན་དམ་པར་དབྱེར་མེད་པས་རྒྱུ་གཅིག་པར་རྟོགས་པའོ། །

ཡིག་འབྲུའི་ཚུལ་གྱིས་རྟོགས་པ་ནི། ཆོས་ཐམས་ཅད་མ་སྐྱེས་པ་ནི་ཨ་སྟེ་གསུང་གི་རང་བཞིན། མ་སྐྱེས་པ་ཉིད་སྒྱུ་མར་སྣང་ཞིང་བྱ་བ་བྱེད་ནུས་པ་ནི་ཨོ་སྟེ་སྐུའི་རང་བཞིན། དེ་ལྟར་རྟོགས་པའི་རིག་པ་སྒྱུ་མའི་ཡེ་ཤེས་མཐའ་དབུས་མེད་པ་ནི་ཨོཾ་སྟེ་ཐུགས་ཀྱི་རང་བཞིན་དུ་རྟོགས་པའོ། །

བྱིན་གྱིས་བརླབས་ཀྱིས་རྟོགས་པ་ནི་དཔེར་ན་རས་དཀར་པོ་ལ་དམར་པོས་བྱིན་གྱིས་རློབ་པའི་མཐུ་བཙོད་ལ་ཡོད་པ་བཞིན་དུ།

Die Methode der Großen Vollkommenheit (Randnotiz: »groß« darin, dass die Eigenschaften des Resultats spontan präsent sind und in der Methode des Zugangs dazu, und »Vollkommenheit«, d.h. die Ansammlungen von Verdienst und zeitloser Weisheit sind vollkommen und vollständig) ist wie folgt.

Es ist dem Weg der vier Arten der Realisation zu verdanken, dass Gewissheit gewonnen wird. Die vier Arten der Realisation sind 1) die Realisation, dass es eine einzige Ursache gibt; 2) Realisation mittels Silben; 3) Realisation durch Segen; und 4) direkte Realisation.

Das erste ist die Realisation, dass es eine einzige Ursache gibt. Da auf letztlicher Ebene Phänomene ungeboren sind, unterscheiden sie sich nicht voneinander. Auch auf der relativen Ebene unterscheiden sie sich nicht, da sie alle den Charakter der Illusion haben. Obwohl es ungeboren ist, erscheint es auf vielfältige Art, so illusorisch wie der im Wasser reflektierte Mond, und dennoch ist es in der Lage, Funktionen zu erfüllen. Diese Illusionen sind ohne essenzielle Natur. Sie sind ungeboren. Das Relative und das Letztendliche sind also untrennbar. Dies ist die Realisation, dass es eine einzige Ursache gibt.

Dann folgt die Realisation mittels Silben. Die ungeborene Natur der Phänomene wird durch A symbolisiert, die Natur der erleuchteten Rede. Diese ungeborene Natur erscheint als illusorische Darstellung, die in der Lage ist, Funktionen auszuführen und dies wird durch O, die Natur des erleuchteten Körpers, symbolisiert. Das Gewahrsein, das dies realisiert, nämlich die illusorische zeitlose Weisheit, die ohne Mitte oder Rand ist, wird durch OM, die Natur des erleuchteten Geistes, symbolisiert. Dies ist das Realisieren durch Silben.

Dann folgt die Realisation mittels Segen. So wie die Fähigkeit weiße Baumwolle zu »segnen« und rot zu färben im Färberkrapp

ཆོས་ཐམས་ཅད་སངས་རྒྱས་པར་བྱིན་གྱིས་རློབས་པའི་མཐུ་ཡང་། རྒྱུ་གཅིག་པ་དང་ཡིག་འབྲུའི་ཚུལ་གྱིས་མཐུ་བྱིན་གྱིས་རློབ་པར་རྟོགས་པའོ། །

མངོན་སུམ་པར་རྟོགས་པ་ནི། ཆོས་ཐམས་ཅད་ཡེ་ནས་སངས་རྒྱས་པར་གནས་པ་དེ་ཡང་ལུང་དང་མན་ངག་དང་འགལ་བ་ཡང་མ་ཡིན་ལ། ལུང་དང་མན་ངག་གི་ཚིག་ཙམ་ལ་བརྟེན་པ་ཡང་མ་ཡིན་པར། རང་གི་རིག་པས་བློའི་གཉིང་དུ་ཡིད་ཆེས་པས་མངོན་སུམ་དུ་རྟོགས་པའོ། །

ལམ་གྱི་ཡིད་ཆེས་པ་ནི། རྟོགས་པ་རྣམ་པ་བཞིའི་དོན་རིག་པ་ཉིད་རྣལ་འབྱོར་པའི་ལམ་སྟེ། དེ་ཡང་རྒྱུ་བསྒྲུབ་པའི་འབྲས་བུ་འབྱུང་བའི་དུས་ལ་ལྟོས་པ་ལྟ་བུ་མ་ཡིན་གྱི། རང་གིས་མངོན་སུམ་དུ་རྟོགས་ཤིང་ཡིད་ཆེས་པའོ། །

དེ་ལ་མཚན་ཉིད་གསུམ་གྱིས་དོན་མཐར་ཕྱིན་པར་འགྱུར་ཏེ། རྟོགས་པ་རྣམ་པ་བཞིའི་ཚུལ་རིག་པ་ནི་ཤེས་པའི་མཚན་ཉིད་དོ། །ཡང་ནས་ཡང་དུ་གོམས་པར་བྱེད་པ་ནི་འཇུག་པའི་མཚན་ཉིད་དོ། །གོམས་པའི་མཐུས་མངོན་དུ་གྱུར་པ་ནི་འབྲས་བུའི་མཚན་ཉིད་དོ། །མཚན་ཉིད་གསུམ་གྱིས་འབྲེལ་པ་དང་། དགོས་པ་དང་། དགོས་པའི་ཡང་དགོས་པ་སྟོན་ཏེ།

དེ་ལ་འབྲེལ་པ་ནི། ཀུན་ནས་ཉོན་མོངས་པ་དང་། རྣམ་པར་བྱང་བའི་ཆོས་སུ་བཏགས་པ་ཐམས་ཅད། ཡེ་ནས་སྐུ་གསུང་ཐུགས་ཀྱི་བདག་ཉིད། རང་བཞིན་གྱིས་སངས་རྒྱས་པའི་དབྱིངས་དང་།

bereits vorhanden ist, so liegt die Fähigkeit, alle Phänomene als erleuchtet zu segnen, darin, gesegnet zu sein durch die Kraft der Verwirklichung, dass es eine einzige Ursache und die Realisation mittels Silben gibt.

Schließlich gibt es ein direktes Realisieren durch Wahrnehmung. Die Tatsache, dass sich Phänomene ursprünglich im erleuchteten Zustand befinden, steht nicht im Widerspruch zu den Schriften und Kernanweisungen. Auf der anderen Seite erlangt man keine direkte Realisation, indem man sich nur auf die Worte der Schriften und Anweisungen stützt. Realisation wird durch Überzeugung in den tiefsten Bereichen des Geistes durch das eigene Gewahrsein gewonnen.

Überzeugung, die auf dem Pfad gewonnen wurde, ist der Pfad des Yoga, das unmittelbare Wissen über die Bedeutung der vier Arten der Realisation. Dies hängt nicht von der Dauer ab, die die Ursache benötigt, um ein Ergebnis zu erzielen. Vielmehr erlangt man selbst unmittelbar Realisation und Überzeugung.

Es gibt drei Wesensmerkmale, durch die dieser krönende Abschluss erreicht wird. Ein Verständnis der vier Arten der Realisation ist das Wesensmerkmal des Wissens. Wiederholte Gewöhnung ist das Wesensmerkmal der Anwendung. Die Verwirklichung durch die Kraft einer solchen Gewöhnung ist das Wesensmerkmal des Ergebnisses. Diese drei Wesensmerkmale zeigen die Verbindung, das Erfordernis und das letztendliche Ziel an.

»Verbindung« bezieht sich auf das ursächliche Wesensmerkmal des Wissens. Es ist die Realisation, dass alle Dinge, die als Phänomene des vollständigen Leidens oder der absoluten Reinheit verstandesmäßig erfasst werden, von Anfang an das Wesen des erleuchteten Körpers, der erleuchteten Rede und des erleuchteten Geistes haben. Es ist das Verständnis, dass alle Phänomene von Natur aus die letztendliche Weite des erleuchteten Zustands sind

བྱིན་རླབས་པའི་དོན་རྟོགས་པ་ནི། རྒྱུ་ཞེས་པའི་མཚན་ཉིད་དེ། དེ་ནི་བླ་ན་མེད་པའི་སངས་རྒྱས་སུ་གྲུབ་པའི་རྒྱུ་ཡིན་པའི་དོན་དུ་འབྲེལ་བའོ། །

དགོས་པ་ནི་ཀུན་ནས་ཉོན་མོངས་པ་དང་། རྣམ་པར་བྱང་བའི་ཆོས་དང་། སྣོན་ལྡོ་དང་། བདུད་རྩི་ལྔ་ལ་སོགས་པར་བརྟགས་པ་ཐམས་ཅད་ཡེ་ནས་སངས་རྒྱས་པའི་མཉམ་པ་ཆེན་པོ་ལ་བླང་དོར་མེད་པར་སྤྱོད་པ་ནི་འཇུག་པའི་མཚན་ཉིད་དོ། །དེ་ནི་བླ་ན་མེད་པའི་སངས་རྒྱས་སུ་གྲུབ་པའི་རྒྱུ་ཡིན་པའི་ཕྱིར་དགོས་པའོ། །

དགོས་པའི་ཡང་དགོས་པ་ནི། ཀུན་ནས་ཉོན་མོངས་པ་དང་རྣམ་པར་བྱང་བའི་ཆོས་དང་། སྣོན་ལྡོ་དང་། བདུད་རྩི་ལྔ་སོགས་ཁྱད་པར་དུ་བཏགས་པ་ཐམས་ཅད་ཡེ་ནས་སངས་རྒྱས་པའི་མཉམ་པ་ཆེན་པོའི་ངང་དུ་བླང་དོར་མེད་པར་ལྷུན་གྱིས་གྲུབ་པའི་ཕྱིར། སྲིད་པའི་འཁོར་བ་ཉིད་ཡེ་ནས་བླ་ན་མེད་པར་སངས་རྒྱས་པའི་རང་བཞིན་མྱ་ངན་ལས་འདས་པའི་མཚན་ཉིད་དུ་ལྷུན་གྱིས་གྲུབ་པ་ཡིན་པས་འབྲས་བུའི་མཚན་ཉིད་དེ་སྐུ་གསུང་ཐུགས་མི་ཟད་པ་རྒྱན་གྱི་འཁོར་ལོ་མངོན་སུམ་དུ་གྱུར་པ་ནི་དགོས་པའི་ཡང་དགོས་པའོ། །

དེ་ལ་བསྙེན་པ་དང་། ཉེ་བའི་བསྙེན་པ་དང་། སྒྲུབ་པ་དང་། སྒྲུབ་པ་ཆེན་པོའི་དོན་ལྷུན་གྱིས་གྲུབ་པར་གྱུར་པའི་རྣལ་འབྱོར་ལ་བརྩོན་པར་བྱའོ། །

དེ་ལ་བསྙེན་པ་ནི་བྱང་ཆུབ་སེམས་ཞེས་པ་སྟེ། དེ་ཡང་ཆོས་ཐམས་ཅད་ཡེ་ནས་སངས་རྒྱས་པའི་རང་བཞིན་དུ་ལམ་གྱིས་བསྒྲུབ་ཅིང་གཉེན་པོས་བཅོས་སུ་མེད་པར་རྟོགས་པའོ། །

ཉེ་བའི་བསྙེན་པ་ནི་བདག་ཉིད་ལྷར་ཞེས་པ་སྟེ། དེ་ཡང་ཆོས་ཐམས་ཅད་ཡེ་ནས་སངས་རྒྱས་པའི་རང་བཞིན་པས།

und dass dies der Sinn des Segens ist. Dieses Wissen ist die Verbindung mit dem Ziel, denn es ist der Grund für die unübertreffliche Buddhaschaft.

»Erfordernis« bezieht sich auf das Wesensmerkmal der Anwendung, d.h. ohne Akzeptanz oder Ablehnung die Freude an der großen Gleichheit aller Dinge, die als Phänomene des vollständigen Leidens oder der absoluten Reinheit, der fünf Heilmittel, der fünf Nektare und so weiter verstandesmäßig erfasst werden, denn sie sind ursprünglich der erleuchtete Zustand. Dies ist ein ursächlicher Faktor für die Erreichung unübertrefflicher Erleuchtung und ist daher erforderlich.

»Letztendliches Ziel« bezieht sich auf das Wesensmerkmal des Ergebnisses, denn von Anfang an sind alle Dinge – die Phänomene des vollständigen Leidens und der absoluten Reinheit und insbesondere die fünf Heilmittel, fünf Nektare usw. – der erleuchtete Zustand. Sie sind spontan präsent im Zustand großer Gleichheit, jenseits von Akzeptanz und Ablehnung. Daher ist das samsarische Dasein selbst von Anfang als Wesensmerkmal von Nirvāṇa, der Natur der unübertrefflichen Buddhaschaft, spontan präsent. Diese Verwirklichung des Rades der unerschöpflichen Ornamente – der erleuchtete Körper, die erleuchtete Rede und der erleuchtete Geist – ist das letztendliche Ziel.

Dafür muss man sich in der yogischen Praxis bemühen, in der die Zweige der Annäherung, der nahen Annäherung, der Vollendung und der großen Vollendung spontan vorhanden sind.

»Annäherung« bezieht sich auf das Wissen von Bodhicitta. Dies ist das Verständnis, dass Phänomene immer schon von Natur aus der erleuchtete Zustand sind und nicht durch den Pfad gemacht oder als solche mittels Gegenmitteln erst erschaffen werden.

»Nahe Annäherung« bezieht sich auf das Wissen, dass wir selbst die Gottheit sind. Dies ist das Verständnis, dass auch wir

བདག་ཉིད་ཀྱང་ཡེ་ནས་ལྷའི་རང་བཞིན་ཡིན་གྱི་ད་ལྟ་སྒྲུབ་པ་ནི་མ་ཡིན་པར་རྟོགས་པའོ། །

སྒྲུབ་པ་ནི་ཡུམ་བསྙེད་པ་སྟེ། དེ་ཡང་ཡུམ་ཆེན་མོ་ནམ་མཁའི་དབྱིངས་ལས། ནམ་མཁའ་ཉིད་ཡུམ་ཆེན་མོ་ས་ཆུ་མེ་རླུང་བཞིར་སྣང་ཞིང་། བྱ་བ་བྱེད་པའི་ཡུམ་ཡེ་ནས་ཡིན་པར་རྟོགས་པའོ། །

སྒྲུབ་པ་ཆེན་པོ་ནི། ཐབས་དང་ཤེས་རབ་འབྲེལ་བ་སྟེ། དེ་ཡང་ཡུམ་ཆེན་མོ་ལྔའི་ཤེས་རབ་དང་ཡུམ་གྱི་མཁའ་སྟོང་པ་ཉིད་ལས། ཕུང་པོ་ལྔ་སངས་རྒྱས་ཐམས་ཅད་ཀྱི་ཡབ་སྨོན་པ་མེད་པར་ཡེ་ནས་ཟུང་དུ་གྱུར་པས་འབྲེལ་པ་ལས། བྱང་ཆུབ་སེམས་སྤྲུལ་པ་ལྷུམ་དྲལ་དུ་གྱུར་པའི་རང་བཞིན་ནི། །

ཡེ་ནས་སངས་རྒྱས་པའི་དོན་ལ་སྒྱུ་མ་ལ་སྒྱུ་མ་རོལ་ཅིང་བདེ་མཆོག་སྒྱུ་མའི་རྒྱུན་ལ་བདེ་བའི་དུས་ཉིད་ན། མཚན་མ་མེད་པའི་དོན་མི་དམིགས་མཁའ་དང་སྙོམས་པ་ནི་ཀློང་དུ་གྱུར་ནས་ལྷུན་གྱིས་གྲུབ་པ་སྟེ། བདུད་རྣམ་བཞི་ཡང་བརྟུལ་ནས་མཐར་ཕྱིན་པའི་དོན་འགྲུབ་པའོ། །

ཆོས་ཐམས་ཅད་གདོད་མ་ནས་རྣམ་པར་དག་པས། ཡིད་བཞིན་གྱི་གཞལ་ཡས་ཁང་རྒྱ་ཡོངས་སུ་མ་ཆད་པའི་འཁོར་ལོ་ཡེ་ནས་བླ་ན་མེད་པའི་དཀྱིལ་འཁོར་དུ་འཇུག་པ་ཡང་ཐབས་ཀྱི་ཐེག་པའི་གཞུང་ཐོས་པ་ནི་མིག་ཕྱེ་བའོ། །

seit jeher die Gottheit von Natur aus waren, da alle Phänomene immer schon von Natur aus der erleuchtete Zustand sind. Es ist nicht etwas, was wir erst jetzt erreichen.

»Vollendung« bezieht sich auf die Erzeugung der weiblichen Gottheiten. Dies ist das Verständnis, dass der Raum selbst aus der Weite des Raumes, der Großen Mutter, in Form der vier großen Mütter erscheint – Erde, Wasser, Feuer und Wind – und dass es von Anfang an diese Mütter sind, die alle Aktivitäten ausführen.

»Große Vollendung« bezieht sich auf die Verbindung von geschickten Mitteln und höchstem Erkennen. Aus der ursprünglichen Vereinigung der (fünf Arten) des höchsten Erkennens der fünf großen Mütter und der fünf Aggregate (die Väter aller Buddhas, die ohne Erwartung aus dem leeren Raum der Mutter erscheinen), manifestiert sich Bodhicitta in der Form der männlichen und weiblichen Bodhisattvas.

Im Zustand der ursprünglichen Erleuchtung erfreut sich die Illusion in der Illusion, und im Moment der Glückseligkeit im illusorischen Strom der höchsten Glückseligkeit wird die Abwesenheit aller Merkmale, die gleich dem Raum jenseits aller Bezugspunkte stehen, völlig verwirklicht und ist spontan vorhanden. Die vier Dämonen sind unterworfen und das letztendliche Ziel ist erreicht.

Alle Phänomene sind von Anfang an vollkommen rein und sind ein Maṇḍala jenseits aller Dimensionen, ein riesiger unermesslicher Palast, der jeden Wunsch erfüllt. Um in dieses ursprüngliche, unübertroffene Maṇḍala zu gelangen, muss man die Augen öffnen, was durch das Hören der Texte der Fahrzeuge mit geschickten Mitteln erreicht wird. Wenn man ihre Bedeutung versteht, ist dies das Sehen des Maṇḍala. Wenn man sich damit vertraut gemacht hat, sobald man einmal verstanden hat, ist dies das

དོན་རྟོགས་པ་ནི་དཀྱིལ་འཁོར་མཐོང་བའོ། །རྟོགས་ནས་གོམས་པར་བྱེད་པ་ནི་དཀྱིལ་འཁོར་དུ་ཞུགས་པའོ། །ཞུགས་ནས་མངོན་དུ་གྱུར་པ་ནི་དངོས་གྲུབ་ཆེན་པོ་ཐོབ་པའོ།།

༄ དེ་ལྟར་ཚུལ་འདི་ནི་རྫོགས་པ་ཆེན་པོའི་མཐར་ཕྱིན་པའི་དོན་ཏོ། ཡི་གེ་འཁོར་ལོ་ཚོགས་ཆེན་གྱི་ས་ལ་ལྷུན་གྱིས་འཇུག་པ་སྟེ། སྐྱེས་བུ་བློ་རྩལ་རབ་ཀྱིས་ཡེ་ནས་སངས་རྒྱས་པའི་དོན་ལ་ཡེ་ནས་སངས་རྒྱས་པར་རིག་ནས། གོམ་པ་དྲག་དལ་དུ་འགྲོ་བ་ཡིན་གྱི་ཕལ་གྱི་བྱ་བ་ནི་མ་ཡིན་ནོ། །ཕལ་གྱིས་ཐོས་ཏེ་ཇི་ལྟར་བསམ་ཀྱང་བདེན་ཞིང་ཟབ་པར་ཡིད་ཆེས་པར་མི་འགྱུར་རོ། །ཡིད་ཆེས་པ་དང་ཕལ་གྱི་བློ་ལ་གོ་དཀའ་ཞིང་བདེན་པ་དང་ཟབ་པར་མ་ཤེས་པས་ཉམས་དང་སྦྱར་ནས། ཀུན་ཀྱང་དེ་དང་འདྲ་སྙམ་ནས་ཡོངས་བརྟན་ཞེས་སྐྱེས་བུ་རབ་ལ་སྐུར་པ་འདེབས་ཤིང་སྤུན་འབྱིན་པའི་བློ་སྐྱེ་བར་འགྱུར་བས་རབ་ཏུ་གསང་བའི་ཕྱིར་ཡང་གསང་བའི་ཐེག་པ་ཞེས་བཀའ་རྒྱལ་ཏེ། །

དེ་བས་ན་ཆོས་ཐམས་ཅད་ཡེ་ནས་སངས་རྒྱས་པའི་དོན་ལ་རྟོགས་པའི་བློ་མ་སྐྱེས་བར་དུ་ཐེག་པ་འོག་མ་པས་འགྲོ་བའི་དོན་བྱས་ན་གདུལ་བྱ་རྒྱུད་མི་ཟ་བར་སློབ་དཔོན་གྱིས་འཁོར་བའི་སྐྱོན་དང་། མྱ་ངན་ལས་འདས་པའི་ཡོན་ཏན་དང་། ཐེག་པ་མཐའ་དག་ལ་མཁས་པར་བྱ་བ་ཡིན་གྱི། ཕྱོགས་འགའ་མི་ཤེས་པས་སློབ་དཔོན་གྱིས་བཟུང་དུ་མི་རུང་བར་རྒྱ་ཆེར་འབྱུང་ངོ་།།

༄ ལྟ་བའི་ཁྱད་པར་གྱི་དཀའ་ཐུབ་དང་བརྟུལ་ཞུགས་ཀྱང་བྱེ་བྲག་ཏུ་འགྱུར་ཏེ།

Eintreten ins Maṇḍala. Und wenn, nachdem man in das Maṇḍala eingetreten ist, dieses offensichtlich wird, ist die große Vollendung erreicht.

Diese Methode ist der Gipfel, die Große Vollkommenheit. Die Stufe des Großen Rades der Ansammlungen der Silben wird spontan betreten. Wesen mit den schärfsten Fähigkeiten haben verstanden, dass uranfängliche Erleuchtung bedeutet, dass sie von Anfang an erleuchtet waren, und sie schreiten kraftvoll auf dem Weg fort. Ihre Handlungen sind nicht die Handlungen gewöhnlicher Wesen.

Egal wie oft gewöhnliche Menschen dies auch hören und darüber nachdenken mögen, sie werden kein Vertrauen in diese Wahrheit und Tiefgründigkeit gewinnen. Da es schwierig ist, Vertrauen zu haben und sie es mit ihrem gewöhnlichen Verstand zu erfassen suchen, realisieren sie nicht, wie wahr und tiefgründig es ist. Stattdessen richten sie sich nach ihrer eigenen Erfahrung und schlussfolgern, dass diese für alle gleich sei. »Es ist alles ein Haufen Lügen«, sagen sie, indem sie außergewöhnliche Wesen herabwürdigen und eine Haltung der Ablehnung entstehen lassen. Deshalb ist diese Lehre äußerst geheim und wird auch als geheimes Fahrzeug bezeichnet.

Bis ihre Schüler verstanden haben, dass alle Phänomene seit jeher der erleuchtete Zustand sind, nutzen Lehrer die niederen Fahrzeuge, um den Wesen zu helfen. Und um zu vermeiden, dass das Potenzial dieser Wesen vergeudet wird, sollten sie mit den Mängeln von Saṃsāra, den Qualitäten von Nirvāṇa und allen Fahrzeugen gut vertraut sein. Schüler sollten nicht von einem Lehrer geleitet werden, der in einigen Aspekten unbewandert ist. All dies wurde ausführlich gelehrt.

Neben den verschiedenen Sichtweisen gibt es auch spezifische Formen spiritueller Übung und yogischer Disziplin. Diejenigen,

དཀའ་ཐུབ་མེད་པ་ནི། འཇིག་རྟེན་ཕྱལ་བ་དང་མུར་ཐུག་གོ །དཀའ་ཐུབ་ཡོད་པ་ནི་རྣམ་པ་བཞི་སྟེ་རྒྱང་འཕེན་དང་། མུ་སྟེགས་པ་སྟེ། འཇིག་རྟེན་གྱི་བཀའ་ཐུབ་དང་། ཉན་ཐོས་ཀྱི་དཀའ་ཐུབ་དང་། བྱང་ཆུབ་སེམས་དཔའི་དཀའ་ཐུབ་དང་། བླ་ན་མེད་པའི་བཀའ་ཐུབ་པོ། །

དེ་ལ་ཕྱལ་བ་ནི་རྒྱུ་འབྲས་ལ་རྨོངས་པའི་ཕྱིར་བཀའ་ཐུབ་མེད་པའོ། །མུར་ཐུག་པ་ནི་ཆད་པར་ལྟ་བའི་ཕྱིར་བཀའ་ཐུབ་མེད་པའོ། །རྒྱང་འཕེན་པ་ནི་ཚེ་འདིའི་ཁྱད་པར་སྒྲུབ་པའི་ཕྱིར་གཙང་སྦྲ་ལ་སོགས་པའི་དཀའ་ཐུབ་ཅན་ནོ། །མུ་སྟེགས་ན་བདག་རྟག་པ་ཞིག་ཡོད་པ་དེ་དག་པར་བྱ་བའི་ཕྱིར། ལུས་སུན་འབྱིན་ཅིང་མེ་ལྔ་བརྟེན་པ་ལ་སོགས་པའི་བཀའ་ཐུབ་དང་། བརྟུལ་ཞུགས་ལོག་པར་སྤྱོད་པའོ། །

ཉན་ཐོས་ཀྱི་དཀའ་ཐུབ་ནི། འདུལ་བ་ལས། །

སྡིག་པ་ཅི་ཡང་མི་བྱ་སྟེ།
དགེ་བ་ཕུན་སུམ་ཚོགས་པར་སྤྱད། །
རང་གི་སེམས་ནི་ཡོངས་སུ་འདུལ།
འདི་ནི་སངས་རྒྱས་བསྟན་པ་ཡིན། ཞེས་འབྱུང་སྟེ། །

དགེ་བ་དང་མི་དགེ་བའི་ཆོས་ཐམས་ཅད་ཀུན་རྫོབ་དང་དོན་དམ་པར་གཉིས་ཀ་སོ་སོར་ཡོད་པར་ལྟ་བ་དང་། དགེ་བ་ནི་སྤྱོད་མི་དགེ་བ་ནི་སྤང་པའི་དཀའ་ཐུབ་དང་བརྟུལ་ཞུགས་སྤྱོད་པའོ། །

བྱང་ཆུབ་སེམས་དཔའི་དཀའ་ཐུབ་ནི། །བྱང་ཆུབ་སེམས་དཔའི་སྡོམ་པ་ལས། །

ཕྱིན་དུ་འཚམ་པར་དོན་མི་བྱེད། །

die über keine spirituelle Übung verfügen, sind die Unreflektierten oder die Nihilisten. Diejenigen, die über eine spirituelle Übung verfügen, weisen vier Arten von Praktiken auf: das weltliche Training der Materialisten und Eternalisten, die spirituelle Übung der Hörer (Śrāvaka), die spirituelle Übung der Bodhisattvas und die unübertreffliche spirituelle Übung.

Die Unreflektierten sind im Hinblick auf das karmische Gesetz von Ursache und Wirkung unwissend und beschäftigen sich daher mit keiner spirituellen Ausbildung. Genauso wenig die Nihilisten, denn sie haben eine nihilistische Sichtweise. Um sich in diesem Leben einen Vorteil zu verschaffen, beschäftigen sich die Materialisten mit Praktiken wie ritueller Sauberkeit. Um das Selbst, von dem sie glauben, dass es das gibt, zu reinigen, geben sich die Eternalisten irrtümlich der Entsagung hin, wie der Kasteiung des Körpers und der Tortur der fünf Feuer, sowie anderen Übungen der yogischen Schulung.

Die Übungen der Śrāvaka werden im Vinaya beschrieben:

Gib alle unheilsamen Taten auf,
vollführe beständig tugendhafte Handlungen
und zähme deinen Geist vollkommen.
Dies ist die Lehre des Buddha.

Die Śrāvaka denken, dass positive und negative Phänomene sowohl auf relativer als auch auf letztendlicher Ebene bestehen, und sie folgen der spirituellen Übung und der yogischen Disziplin Tugend auszuführen und Negativität zu vermeiden.

Die spirituelle Übung der Bodhisattvas wird in »*Die Gelübde eines Bodhisattvas*« beschrieben:

Nicht den Umständen entsprechend von Nutzen zu sein;

རྫུ་འཕྲུལ་བསྒྲིགས་ལ་སོགས་མི་བྱེད། |

སྙིང་རྗེར་ལྡན་ཞིང་བྱམས་ཕྱིར་དང་། |

སེམས་དགེ་བ་ལ་ཉེས་པ་མེད། ཅེས་འབྱུང་སྟེ། |

སྙིང་རྗེ་ཆེན་པོས་ཟིན་ན་ཆོས་ཐམས་ཅད་དགེ་བ་དང་མི་དགེ་བ་གང་སྤྱོད་ཀྱང་སྡོམ་པ་ཉམས་པར་མི་འགྱུར་ཏེ། བྱང་ཆུབ་སེམས་དཔའི་སྡོམ་པ་ནི། མདོར་ན་སྙིང་རྗེ་ཆེན་པོས་གཞི་བཟུང་ནས་སྤྱོད་དོ། |

བླ་ན་མེད་པའི་དཀའ་ཐུབ་ནི། དམ་ཚིག་ཆེན་པོའི་མདོ་ལས། |

སངས་རྒྱས་ཐེག་པ་རབ་ངེས་ནི། |

ཉོན་མོངས་འདོད་ལྔ་ཀུན་སྤྱོད་ཀྱང་། |

པདྨ་ལ་ནི་འདམ་བཞིན་ཏེ། |

དེ་ལ་ཚུལ་ཁྲིམས་ཕུན་སུམ་ཚོགས། ཞེས་འབྱུང་སྟེ། |

ཆོས་ཐམས་ཅད་ཡེ་ནས་མཉམ་པ་ཉིད་ཀྱི་ཕྱིར། སྙིང་རྗེ་ནི་བསྙེན་དུ་མེད་ལ། ཞེ་སྡང་ནི་སྤང་དུ་མེད་དེ། དེ་ལྟར་མ་རྟོགས་པ་ལ་ཐུགས་རྗེ་མི་འབྱུང་བར་མ་ཡིན་ཏེ། |

ཇི་ལྟར་ལྟ་བས་ཡེ་ནས་རྣམ་པར་དག་པར་རྟོགས་པ་བཞིན་དུ་དཀའ་ཐུབ་དང་བརྟུལ་ཞུགས་ཀྱང་དེ་ལྟར་རྣམ་པར་དག་པར་སྤྱོད་དོ། |

wundersame Kräfte zur Einschüchterung nicht einzusetzen usw.
Solche Fehler fehlen bei denen, deren Absichten tugendhaft sind,
denn sie sind voller Mitgefühl und Liebe.

Was auch immer Bodhisattvas tun, egal ob positiv oder negativ, wenn sie von großem Mitgefühl durchdrungen sind, werden sie ihre Gelübde nicht beschädigen. Kurz gesagt, das Bodhisattva-Gelübde besteht darin, auf der Grundlage großen Mitgefühls zu handeln.

Die unübertreffliche Übung wird im »*Sūtra des großen Samaya*« beschrieben:

Bei denjenigen, die äußerste Gewissheit in Bezug auf Buddhas Fahrzeug haben,
selbst der Genuss aller fünf Unreinheiten und Sinnesfreuden
wird der Höhepunkt der Disziplin sein,
so makellos wie Lotusblüten unbefleckt vom Schlamm.

Alle Phänomene befinden sich seit jeher im Zustand der Gleichheit, sodass Mitgefühl nicht etwas ist, dass zu kultivieren wäre und Wut nicht etwas, dass es zu vermeiden gilt. Dies bedeutet jedoch nicht, dass Mitgefühl nicht für diejenigen entsteht, die nicht verstehen.

Und in dem Ausmaß, in dem man, soweit es die eigene Sicht betrifft, die ursprünglich vollkommene Reinheit verwirklicht hat, werden auch die spirituelle Übung und die yogische Disziplin vollkommen rein sein.

ལྟ་བའི་ཕྲེང་བ་གསང་བ་འདི། །
དམུས་ལོང་རང་ཕྱེ་མིག་རྙེད་ལྟར། །
ཤེས་རབ་ཐབས་ཀྱི་རྒྱལ་འཆང་བའི། །
སྐྱེས་མཆོག་ཡོད་ན་འཕྲད་གྱུར་ཅིག །
ལྟ་བའི་ཕྲེང་བ་ཞེས་བྱ་བའི་མན་ངག་རྫོགས་སོ།། །།

Genauso wie jene Blindgeborenen, die spontan ihre Sehkraft erlangen,
wenn sie außergewöhnlichen Wesen begegnen,
die die Kraft des höchsten Erkennens und der geschickten Mittel besitzen,
mögen sie auf diese geheime Girlande der Sichtweisen treffen.

Damit ist die essenzielle Anweisung, genannt »*Die Girlande der Sichtweisen*« abgeschlossen.

Der Juwelenschatz

Ein Kommentar durch Anmerkungen zu den Kernanweisungen des großen Meisters Padmasambhava, der »Girlande der Sichtweisen«

von

Jamgön Mipham

སློབ་དཔོན་ཆེན་པོ་པདྨ་འབྱུང་གནས་ཀྱིས་མཛད་པའི་མན་ངག་ལྟ་
བའི་ཕྲེང་བའི་རྩ་བ་དང་མཆན་འགྲེལ་ནོར་བུའི་བང་མཛོད་ཅེས་བྱ་བ་
བཞུགས།།

Jamgön Mipham

NAMO GURU PADMA MAÑJUŚRĪ YE!

Glorreicher Buddha, Lotusgeborener,
Ihr, der den Schatz der allwissenden Weisheit besitzt,
Vertreter der verschiedenen Fahrzeuge,
Orgyen, der die drei Zeiten kennt, bitte kümmert Euch um mich.

DIES HIER IST EINE ERKLÄRUNG DER KERNANWEISUNG »*Die Girlande der Sichtweisen*«, eine Abhandlung, die unbestreitbar dem großen Meister Padmasambhava zugeschrieben wird. Sie besteht aus drei Abschnitten: einer Einleitung, dem Hauptteil des Textes und einem Abschluss. Der erste davon ist in eine Erläuterung des Titels und einen Ausdruck der Verehrung unterteilt.

I. Einleitung

A. Erläuterung des Titels

> ***»Eine Gedächtnisstütze, die die charakteristischen Merkmale der Sichtweisen und Fahrzeuge zusammenfasst.«***

Im *Guhyagarbha-Tantra*, dem prachtvollsten aller Tantras und erklärenden Lehren, das zeigt, wie alle Phänomene seit jeher spontan als Große Vollkommenheit präsent sind, lesen wir:

Kein Verständnis, falsches Verständnis,
teilweises Verständnis, Unverständnis der letztendlich wahren Natur,
Disziplin, Geist, geheim und natürlich geheim –
die Bedeutungen dessen sind im Vajra-Geist des Lehrers vorhanden,
der sie durch Redewendungen vollkommen darlegt,
die von der Zusammenstellung der durch die Sprache bestimmten Namen abhängen
und die darin verborgene Bedeutung hervorheben.

In Übereinstimmung mit dem Intellekt verschiedener Individuen gibt es verschiedene weltliche und überweltliche philosophische Sichtweisen:

- zwei für diejenigen, die kein Verständnis haben (die gewöhnlichen Unreflektierten und die Materialisten);
- zwei für diejenigen, die falsch verstehen (Nicht-Buddhisten, die entweder nihilistisch oder eternalistisch sind);
- zwei für diejenigen, die nur teilweise verstehen (Śrāvaka und Pratyekabuddha);
- die Sichtweise derjenigen, die die letztlich wahre Natur nicht erkannt haben – nämlich Bodhisattvas, die dem Weg der transzendenten Vollkommenheiten folgen;
- die mit der Disziplin des Kriyātantra verbundene Sichtweise;
- die Sicht, die mit dem Weisheitsgeist im Yogatantra verbunden ist;
- zwei Sichtweisen, die mit den geheimen Methoden der Stufen der Erzeugung und Vollendung im inneren Mantrayāna des Großen Yoga[3] verbunden sind;

---

3 Tib. *rnal 'byor chen po*. Mipham Rinpoches Verwendung des tibetischen Begriffes hier ist wahrscheinlich absichtlich. Während sein Sans-

- die Sicht, die mit der Methode der natürlichen geheimen Großen Vollkommenheit verbunden ist.

Im Besonderen gibt es die drei Fahrzeuge der Merkmale (Śrāvaka, Pratyekabuddha und Bodhisattva), die drei äußeren Mantra-Fahrzeuge (Kriyā, Upa und Yoga) und die drei inneren Mantra-Fahrzeuge (Erzeugung, Vollendung und Große Vollendung), zusammen ergibt das neun aufeinanderfolgende Fahrzeuge, die Wege zur vollkommenen Befreiung sind. Um sicherzustellen, dass der König und die fünfundzwanzig Schüler und andere mit einem glücklichen Karma diese Unterschiede nicht vergessen, verfasste der Guru selbst diesen kurzen Text als Gedächtnisstütze und beschrieb kurz alle besonderen Merkmale dieser Sichtweisen und ihre jeweiligen Ergebnisse und gab ihm einen Titel, der seinem Inhalt entspricht.

B. Ausdruck der Verehrung

> ***»Ich verehre den jugendlichen Mañjuśrī und Vajradharma.«***

Die Gottheit der zeitlosen Weisheit wird nach dem Ursachenfahrzeug der Eigenschaften geehrt – nämlich demjenigen, der die

---

krit-Äquivalent »Mahāyoga« lautete, hatte der Begriff »Mahāyoga« im achten Jahrhundert nicht die gleiche Bedeutung, wie er später in dem von den Nyingmapas akzeptierten System der neun Fahrzeuge annahm, wo er fast immer auf die tibetische Lautschrift des Sanskrit-Namens und nicht auf die tibetische Übersetzung zurückgreift. In dem System der vier tantrischen Fahrzeuge, die von den Anhängern der Neuen Übersetzungen übernommen wurden, kann sich *rnal 'byor chen po* auf Anuttarayoga beziehen, aber dies wäre hier keine geeignete Übersetzung. Wir haben uns deshalb entschlossen, es wörtlich als »Großer Yoga« ins Deutsche zu übersetzen.

beiden Arten der Verschleierung zusammen mit ihren gewohnheitsmäßigen Tendenzen zerstört hat, der die sechs Qualitäten der Vorzüglichkeit besitzt (Qualitäten der transzendenten Vollkommenheiten als Ursache und Ergebnis),[4] und der deshalb über die Extreme von Existenz und Frieden hinausgegangen ist. Er nimmt die Form des jugendlichen Bodhisattva Mañjuśrī (»Sanft und Glorreich«) an, der sanft ist, weil sein Geist, die letztendliche Natur, nicht durch geistige Ausschmückungen beeinträchtigt wird, und der glorreich ist, weil er das zweifache Ziel erreicht hat.

In Übereinstimmung mit dem Ergebnisfahrzeug des geheimen Mantras wird auch der Yidam-Gottheit, dem Herrn der Geheimnisse, Vajradharma (»Diamantener Dharma«) gehuldigt. Sein Name bezieht sich auf die unzerstörbare oder unverfälschte Natur der Dinge (nämlich ihre von Attributen oder Begriffen unberührte Leerheit) und auf seine Manifestation als ungehindertes Mitgefühl oder als Personifizierung des Dharmas, der Lehren Buddhas.

II. Der Hauptteil des Textes

Der eigentliche Text ist in Erklärungen zu (A) den verschiedenen Sichtweisen und (B) den verschiedenen Arten von yogischen Disziplinen unterteilt. Die erste dieser Erklärungen ist in nicht-buddhistische und buddhistische Sichtweisen unterteilt, die jeweils aus einer kurzen Übersicht und einer detaillierten Erklärung bestehen.

---

4 Tib. *legs pa'i yan tan drug*, die sechs Qualitäten der Großartigkeit eines Buddhas (*Bhagavān*): Vollkommenheit der Meisterschaft, Vollkommenheit der Form, Vollkommenheit der Herrlichkeit, Vollkommenheit der Bekanntheit, Vollkommenheit der Weisheit und Vollkommenheit des Fleißes.

A. Erläuterung der verschiedenen Sichtweisen

1. Erläuterung der Sichtweisen der Nicht-Buddhisten

a. Eine kurze Einführung

> ***»Die falschen Sichtweisen, die von Wesen in der Welt gehegt werden, sind ohne Zahl, aber sie können als vier Arten zusammengefasst werden: als die der Unreflektierten, der Materialisten, der Nihilisten und der Eternalisten.«***

Das äußere Universum – die Sphäre des Zerfalls, die Welt, die aus vergänglichen Dingen zusammengesetzt ist – wird von Lebewesen bewohnt, die lediglich auf das zurückgeführt werden, was der Geist nicht als Kontinuum der fünf Aggregate erkennt. Diese Leute sind in Unwissenheit versunken. Sie weichen von der Wahrheit ab und zeigen durch ihr falsches Verstehen und verschiedene verzerrte Überzeugungen unzählige Sichtweisen; denn falschem Verständnis sind keine Grenzen gesetzt. Dennoch können diese Sichtweisen als vier Arten zusammengefasst werden. (Das tibetische Wort für »Art« – *rnam pa* – hat mehrere verschiedene Bedeutungen: Ursache, Besonderheit, Ähnlichkeit, Erscheinung, Anzahl und Zustand. Hier sollte es im numerischen Sinne verstanden werden.)

Diese vier sind folgende Sichtweisen:

- die Unreflektierten, die keine Philosophie des Lebens oder spirituelle Praxis haben und ohne tiefere Absichten sind;
- die Materialisten, deren Name auf Tibetisch (ausgesprochen »*gyang penpa*«) je nach Schreibweise unterschiedliche Bedeutungen besitzt, entweder *rgyang phen pa* (wörtlich »Zurückweisende«), weil die Materialisten in ihren Gedanken und mit

ihrem Verhalten jegliche Überlegungen betreffend zukünftiger Existenzen beiseite schieben, die sie als abwegig zurückweisen; oder *rgyang phan pa* (wörtlich »Suchende nach offensichtlichem Nutzen«), weil sie nur danach streben, was offensichtlich für dieses gegenwärtige Leben von Vorteil ist und kein größeres Ziel hat;

- die Nihilisten (Skt. *naiṣṭhika*);[5]
- die Eternalisten (Skt. *tīrthika*), auf Tibetisch *mu stegs pa* genannt, weil sie auf den Stufen (*stegs*) stehen bleiben, die zum Ufer (*mu*) des Flusses führen, d. h. der Pfad, der in den Ozean des Nirvāṇa mündet.[6]

Der Begriff »Materialist« kann, wenn er nicht spezifisch verwendet wird, jeden Nicht-Buddhisten außerhalb des Dharmas bezeichnen, wie dies im Parinirvāṇa Sūtra der Fall ist, wo zwischen dem Standpunkt des Buddha und dem der »Materialisten« eine Debatte geführt wird. Aber hier im Zusammenhang mit einer Beschreibung der vier Arten von Sichtweisen hat das allgemeine Wort eine bestimmte Verwendung und wird in besonderer Weise für die in diesem Text erwähnte Sicht verwendet. Darüber hinaus bezieht sich der Begriff hier nicht auf diejenigen mit falschem Verständnis, die »Materialisten« (*lokāyatika*), die Anhänger von Bṛhaspati

---

5 Die Struktur dieser Passage im Tibetischen lässt den Verdacht auf einen Schreibfehler aufkommen, was dazu führt, dass dieser dritte Punkt weggelassen wurde, der möglicherweise eine Randnote hatte. Wir haben uns die Freiheit genommen, es aus Gründen der Klarheit einzufügen.

6 Dies ist ein Überblick über den Sanskrit-Begriff »*Tīrthika*« (tib. *mu stegs pa*), der, wie nachstehend erläutert, allgemein verwendet wird, um nicht-buddhistische Befürworter des Nihilismus und des Eternalismus zu bezeichnen. In diesem Text aber werden die Befürworter des Eternalismus, der von Buddhisten als eine extreme Sichtweise angesehen wird, so bezeichnet.

sind und nihilistische Ansichten vertreten, wie die Nihilisten. Es bezieht sich vielmehr auf diejenigen, die überhaupt kein Verständnis haben. Diese Materialisten und die Unreflektierten ähneln sich insofern, als sie das karmische Gesetz von Ursache und Wirkung nicht untersuchen, aber sie unterscheiden sich darin, dass erstere eine gewisse Scharfsinnigkeit besitzen, um die Zwecke dieses Lebens sicherzustellen, während die anderen durch einen gewissen Mangel an Klarheit gekennzeichnet sind. Letztere umfassen die meisten Wesen in den höheren Bereichen. Folglich muss der Ausdruck »diejenigen, die das Gute für dieses gegenwärtige Leben tun« im Kontext verstanden werden: Wenn stets auf die Anhänger von Bṛhaspati und dergleichen verwiesen wird, wird die im Wurzeltext beabsichtigte Bedeutung missverstanden. Ein Verständnis des Kontextes von Wörtern mit einer Vielzahl von Bedeutungen[7] ist für die Erklärung aller Abhandlungen unerlässlich.

In ähnlicher Weise, wo die *Naiṣṭhika* (wörtlich »Nihilist«, Tib. *mur thug pa*) im *Kāśyapa*-Kapitel erwähnt werden: »*Kāśyapa*, meine Lehre kann nicht von den sechsundneunzig extremen Sichtweisen zerstört werden: sie wird von meinen Mönchen zerstört, die ähnlich sind wie ich.« Der Buddha sprach hier im Allgemeinen von Nichtbuddhisten. Aber der Begriff *tīrthika* (tib. *mu stegs pa*) wird allgemein auch für die nichtbuddhistischen Befürworter des Eternalismus und des Nihilismus verwendet. In diesem Text sollten jedoch die beiden Ausdrücke *Naiṣṭhika* und *Tīrthika* als übliche Namen jeweils für die Befürworter des Nihilismus bzw. des Eter-

7 Wörtlich »Wörter wie Sandhapa«. Mipham Rinpoche bezieht sich auf ein Wort indischen Ursprungs, das je nach Kontext eine beliebige Anzahl von Bedeutungen zu haben scheint, ähnlich wie das Wort »Dinge« im Deutschen [»things« im Englischen] verwendet wird, wann immer es notwendig ist oder angemessen erscheint. Mipham betont lediglich den Punkt, dass der Begriff »Materialist« in diesem Text eine ganz bestimmte Bedeutung hat.

nalismus verwendet werden. Nur dann stimmen die Begriffe genau mit ihren Bedeutungen überein und spiegeln die beabsichtigte Bedeutung dieses Textes wider.[8]

In Bezug auf all dies kann nun eine Analogie mit einem kostbaren Juwel an einer Kreuzung hergestellt werden. Einige Leute werden es überhaupt nicht sehen, andere werden es als Halbedelstein betrachten, andere werden es als etwas sehr Kostbares betrachten, und andere werden es so sehen, wie es ist. Diejenigen, die es überhaupt nicht sehen (»nicht sehen« wird hier mit den anderen als eine Art des Sehens kategorisiert), sind sinngemäß die Materialisten und die Unreflektierten, die zusammen präsentiert werden, weil sie die wahre und letztendliche Bestehensweise der Phänomene nicht verstehen. Wie die Arten von Wesen, die hauptsächlich in den unteren Bereichen anzutreffen sind, sind sie so dumpf und dumm wie Vieh und wissen nicht einmal, wie sie in Bezug auf frühere und spätere Existenzen denken sollen. Ihre Sichtweisen sind die niedrigsten, da es unmöglich ist, eine niedrigere Sichtweise zu erhalten. Da sie keinen Pfad verfolgen, könnte argumentiert werden, dass es unangebracht sei davon zu sprechen, dass sie eine Sicht haben. Da ihr Verstand jedoch durchdrängt ist von Unwissenheit, ist ihre »Sichtweise« tatsächlich ein Zustand, in dem es keinerlei Verständnis gibt. Wenn man also die richtige Sichtweise etabliert, ist ihre Position etwas, das abgelehnt werden muss. Während die meisten Wesen an ihrem substanziellen Dasein und an der Sicht des vorübergehend Zusammengesetzten festhalten,[9] betrachten sie auf der Grundlage ihres dürftigen Denkens und

---

8 Um Verwechslungen mit der allgemeinen Verwendung der Begriffe und ihrer spezifischen Verwendung in diesem Text zu vermeiden, haben wir sie in den folgenden Abschnitten als »Nihilisten« und »Eternalisten« bezeichnet.

9 Tib. *'jig tshogs la lta ba,* die Sichtweise, dass die fünf vorübergehen-

Verständnisses Ursache und Ergebnis als real und werden von der Trübseligkeit ihrer Sichtweise niedergedrückt, wobei nichts speziell analysiert wird. Deshalb sprechen wir von ihren Sichtweisen.

b. Detaillierte Erklärung

i. Erklärung der Unreflektierten und der Materialisten

> ***»Die Unreflektierten haben kein Verständnis dafür, ob Phänomene die Ursachen oder Ergebnisse von irgendetwas sind oder nicht. Sie sind völlig verwirrt.«***

Was meinen wir mit den Unreflektierten? Sie sind diejenigen, die überhaupt kein Verständnis für die Existenz der karmischen Ursachen haben, die alle Phänomene erzeugen, die wir äußerlich und innerlich wahrnehmen, und die Ergebnisse, die sie erzeugen. Sie sind völlig gedankenlos, gänzlich unwissend und verwirrt hinsichtlich des karmischen Gesetzes der Wirkungsursache.

> ***»Die Materialisten haben kein Verständnis dafür, ob es frühere und zukünftige Leben gibt oder nicht. Sie arbeiten, um Stärke, Reichtum und Kraft in diesem einen Leben zu erlangen, für das sie sich auf das geheime Wissen der weltlichen Wesen verlassen.«***

Die Materialisten – Ablehnende oder Suchende nach offensichtlichem Nutzen – haben kein Verständnis dafür, ob es ein früheres

---

den und zusammengesetzten Aggregate als permanentes, unabhängiges und einzelnes »Ich« und »Mein« betrachtet werden. Diese Ansicht ist die Grundlage aller anderen falschen Ansichten.

und ein zukünftiges Leben gibt oder nicht, und geben sich Mühe in den verschiedenen Methoden zur Erlangung von Stärke, Reichtum und Macht in diesem einen Leben. Sie stützen sich dabei auf die Erklärungen weltlicher Lehrer (die nicht zur vollkommenen Befreiung führen), um auf ihre jetzige Existenz beschränkte Ziele zu erreichen: Sicherung des Lebensunterhalts, die Ausübung der Astrologie, das Studium der Politik und so weiter. Sie greifen auch auf das geheime Wissen der Welt, die schwarze Magie von Benares, Wahrsagerituale, die Unterwerfung von Dämonen, das Günstigstimmen lokaler Gottheiten und die Durchführung von Reichtumsritualen zurück, entweder persönlich oder durch die Vertretung anderer.

ii. Erklärung der nihilistischen und eternalistischen Fundamentalisten

> ***»Nihilisten glauben nicht, dass Dinge Ursachen und Auswirkungen haben. Für sie ist alles, was in diesem einen Leben geschieht, »einfach so« und erlöscht schließlich.***
>
> ***Eternalisten glauben an ein permanentes Selbst, das sie sich in allen Phänomenen vorstellen. Manche glauben an eine Realität – eine Wirkung – für die es keine Ursache gibt. Manche haben eine falsche Sicht auf die Kausalität. Einige glauben, dass, während die Ursache real ist, die Auswirkungen unwirklich sind.«***

Die Nihilisten haben eine nihilistische Sichtweise. Sie glauben, dass alle Phänomene, die in ihren Zuständigkeitsbereich fallen, keinerlei karmisches Gesetz von Ursache und Wirkung enthalten. Alle Phänomene, die in ihrem einzigen Leben entstehen und nicht durch die Taten früherer Leben vorangetrieben werden, sind genauso entstanden, wie Pilze auf einem Feld oder Blasen auf dem Wasser, und am Ende werden sie wie Lampen gelöscht.

Die Eternalisten glauben, dass das unwirkliche Ich, das sie den Phänomenen (Dinge, die in einem kausalen Ablauf existieren) unterstellen, dauerhaft existiert. Unter den Eternalisten gibt es diejenigen, die glauben, dass die Ursache von allem »Natur« oder Prakṛti ist. Die Prakṛti entsteht nicht aus Ursachen und Bedingungen, und innerhalb ihrer Natur entwickeln sich alle Phänomene. Aus diesem Grund sagen sie, dass Prakṛti und ihre Aspekte (Phänomene) sich nicht voneinander unterscheiden. Folglich wird Puruṣa, das Selbst, als in sich isoliert und als Ganzes bezeichnet. Im Übrigen sind sie der Ansicht, dass die Phänomene in der Prakṛti von Anfang an existieren und es keine andere Ursache gibt, die sie hervorbringt. Daher glauben diese Eternalisten »an eine Realität – eine Wirkung – für die es keine Ursache gibt.« Man könnte wohl fragen, wie sie denn sagen können, dass es ein Resultat gebe, das nicht von einer Ursache abhänge. Worauf sie antworten würden, dass das Sein in der Tat ein Resultat sei – in dem Sinne, dass es vollendet sei – auf dieselbe Weise, wie man sagt, dass der Raum ursprünglich vollendet sei. Dies ist ihr einziger Grundsatz.[10]

Diejenigen, die »eine falsche Sicht der Kausalität haben«, glauben an die Person eines allmächtigen Gottes[11], der seit aller

---

10 Die hier dargestellte Ansicht ist die der Sāṃkhya. Ausführlichere Informationen zu dieser und den anderen hier vorgestellten nicht-buddhistischen philosophischen Schulen finden sich in SHANTARAKSHITA, *The Adornment of the Middle Way* übersetzt von Padmakara Translation Group (Boston: Shambhala Publications, 2005) und JAMGÖN KONGTRUL, *The Treasury of Knowledge: Book Six, Parts One and Two: Indo-Tibetan Classical Learning and Buddhist Phenomenology* übersetzt von Gyurme Dorje (Boston: Snow Lion, 2012).

11 Tib. *dbang phyug*, Skt. *Īśvara*

Ewigkeit existiere. Diese permanente Entität habe alle Dinge erschaffen, belebte wie unbelebte, und habe Macht über sie. Und um dieses allmächtige Wesen zu versöhnen, opfern sie eine große Anzahl von Tieren und so weiter. Ihre Sichtweise umfasst zwei Überzeugungen: Einen permanenten Gott und unbeständige Manifestationen. Ihre Behauptungen laufen darauf hinaus zu sagen, unheilsame Handlungen könnten zu einer höheren Wiedergeburt führen oder eine dauerhafte Ursache könne unbeständige Ergebnisse hervorbringen.[12]

Diejenigen, die der Meinung sind, dass »die Ursache wirklich ist, während die Auswirkungen unwirklich sind«, glauben an einen Schöpfer als ursächlichen Faktor. Sie behaupten die Existenz eines dauerhaften Selbst in der Größe eines Daumens und so weiter, das wie ein kleiner Vogel herausfliege, wenn der Topf, der es enthalte, zerbrochen sei. Sie haben drei Überzeugungen: 1) sie behaupten, dass das permanente Selbst nur die Funktion einer Ursache erfülle; 2) sie behaupten, dass die Natur der daraus resultierenden Schöpfungen, der Aggregate, unbeständige und sich verändernde Phänomene seien; und 3) sie behaupten, dass die Ergebnisse selbst nur einmal vorkämen – sie hätten nicht das Potenzial, andere Aggregate zu erschaffen und der Prozess ende dort.[13]

Diese extremen Positionen des Eternalismus und des Nihilismus umfassen ausnahmslos alle Aspekte nicht-buddhistischer eternalistischer und nihilistischer Überzeugungen.

»All dies sind die Ansichten des Nichtwissens.«

---

12 Das ist die Sichtweise der Vaiśeṣika.

13 Diese dritte Sichtweise der Eternalisten ist die des Vedānta.

Die oben beschriebenen vier Sichtweisen sind alle demgemäß Unwissenheit, das Gegenteil von Wissen. In diesem Abschnitt, der die Positionen weltlicher Wesen beschreibt, beschränkte sich Padmasambhava auf eine Beschreibung ihrer Sichtweisen. Er diskutierte ihre Pfade und Ergebnisse nicht, denn er war der Ansicht, dass dies keinen Zweck habe.

2. Erläuterung der buddhistischen Sichtweisen

a. Kurze Einführung

> ***»Der Weg, der über die Welt hinausführt, hat zwei Aspekte: das Fahrzeug der Merkmale und das Vajrayāna.«***

Der über die Welt hinausgehende überweltliche Pfad, der mit dem unbefleckten Pfad zusammenhängt, kann in zwei Fahrzeuge unterteilt werden. Das Fahrzeug der Merkmale lehrt die allgemeinen und spezifischen Merkmale der Phänomene, sowie die Merkmale des totalen Leidens und der absoluten Reinheit getrennt und eindeutig, und zeigt auf, was aufgegeben und was angenommen werden soll. Das Vajrayāna lehrt, dass völliges Leid und absolute Reinheit im Wesentlichen untrennbar und unveränderlich sind, wie das Maṇḍala des erleuchteten Körpers, der Rede und des Geistes.

b. Detaillierte Erklärung
i. Präsentation des Merkmalsfahrzeugs
A. Kurze Einführung

> ***»Das Fahrzeug mit Merkmalen hat drei weitere Kategorien: das Fahrzeug der Hörer [Śrāvakayāna], das Fahrzeug der Alleinverwirklicher [Pratyekabuddhayāna] und das Fahrzeug der Bodhisattvas [Bodhisattvayāna].«***

Für das Fahrzeug der Merkmale gibt es drei weitere Abschnitte, die auf dem Grad des Festhaltens an diesen Merkmalen durch Wesen mit unterschiedlichem Vermögen, Bestrebungen und Fähigkeiten beruhen. Diese sind:

- das Fahrzeug der Hörer [Śrāvakayāna], die selbst die Anweisungen anderer hören und dann andere dazu bringen, ihnen zuzuhören;
- das Fahrzeug der Alleinverwirklicher [Pratyekabuddhayāna], die ihr Ergebnis, die Wahrheit, während ihrer letzten Existenz ganz für sich erkennen;
- das Fahrzeug der Bodhisattvas [Bodhisattvayāna], als Helden der Erleuchtung oder Erleuchtungswesen, so genannt, entweder wegen ihrer festen Absicht, Erleuchtung zu erlangen, oder weil sie sich auf Erleuchtung und fühlende Wesen konzentrieren.[14]

---

[14] Dies ist eine Erklärung des Sanskrit-Wortes »*Bodhisattva*«, das als *byang chub sems dpa'*, wörtlich als »Erleuchtungsheld« oder »Erleuchtungswesen«, übersetzt wurde.

B. Detaillierte Erklärung

1) Erklärung des Fahrzeugs der Hörer [Śrāvakayāna]

> ***»Die Anhänger des Śrāvakayāna glauben, dass die Sichtweisen der Eternalisten usw. konzeptuelle Übertreibungen und Abwertungen der Phänomene insgesamt darstellen. Sie sind daher der Ansicht, dass die nihilistische Sichtweise, dass Dinge niemals existiert haben, und die eternalistische, dass sie dauerhaft existieren und so weiter, ebenso ungültig sind wie der Glaube, dass ein Seil eine Schlange ist. Sie sind der Meinung, dass die unendlich kleinen Teilchen der vier großen Elemente, aus denen die Aggregate, Elemente, Sinnesfelder usw. bestehen, sowie die Bewusstseinsmomente auf der letzten Ebene existieren. Indem sie über die vier edlen Wahrheiten meditieren, erzielen sie schrittweise die vier Resultate.«***

Die Sicht der Personen, die sich mit dem Fahrzeug der Hörer [Śrāvakayāna] befasst haben, d. h. der geeignete Weg, um das Ziel der Śrāvaka zu erreichen, umfasst die philosophischen Grundsätze, die mit Weisheit aufgestellt wurden und in die sie dementsprechend festen Glauben haben. Dies wird hier in drei Aspekten gelehrt: Sichtweise, Meditation und Ergebnis.

Aus philosophischer Sicht sind die Sichtweisen der nichtbuddhistischen Eternalisten und anderer Personen konzeptuelle Unterstellungen hinsichtlich der Gesamtheit der Phänomene, d. h. der Aggregate, Elemente und Sinnesfelder. Diese Zuschreibungen erfolgen in Form von Übertreibung und Herabsetzung. Auf der einen Seite halten Nicht-Buddhisten das für dauerhaft, was nicht so ist, und auf der anderen Seite halten sie das, was tatsächlich existiert, für nicht existent. Ihre Ansichten umfassen die Sicht des Nihilismus (dass die Dinge niemals existiert haben oder überhaupt nicht existieren) und die Sicht des Eternalismus (dass sie eine permanente Existenz haben und so weiter). Die Śrāvaka halten diese Ansichten für nicht gültiger als die imaginäre Schlange, von der man annimmt, dass sie vorhanden ist, wenn man ein Seil in schlechtem Licht sieht. Ihre Sicht auf die Natur der Aggregate, Elemente und Sinnesfelder, die genau wie das Seil im Beispiel die Basis des Erscheinens[15] sind, sieht wie folgt aus. Für sie existieren die kleinsten Teilchen der vier großen Elemente, die zu groben Erscheinungen (der äußeren materiellen Welt der Formen und dergleichen) und den Bewusstseinsmomenten (des inneren Geistes) führen, letztendlich oder wahrhaftig. Hier gibt es zwei Denkschulen – die Vaibhāṣika und die Sautrāntika –, zwischen denen es einige geringfügige Unterschiede gibt. Zum Beispiel hält die erstere fest, dass nicht-zusammengesetzte Phänomene dauerhaft sind, während das letztere behauptet, dass sie wie der Sohn einer unfruchtbaren Frau überhaupt nicht existieren. Und unter den Vaibhāṣika gibt es zahlreiche subtile Unstimmigkeiten über einzelne Gesichtspunkte. Trotzdem sind sie alle ähnlich, wenn sie behaupten, dass Teilchen und Momente letztendlich wirklich existieren. Sie werden daher zusammen präsentiert.

Ihre Meditation besteht aus den Stufen der Konzentration und der Meditation über die vier edlen Wahrheiten – Leiden, Ursprung,

---

15 Die Basis des Erscheinens (tib. *snang gzhi*) bezieht sich auf das, worauf eine Erscheinung oder eine Wahrnehmung basiert. Der Anblick eines Seils führt zur Wahrnehmung eines Seils oder einer Schlange oder zu etwas anderem, was je nach den Umständen wahrgenommen wird. In ähnlicher Weise bilden die geistigen und körperlichen Komponenten einer nichterleuchteten Person die Grundlage für die Wahrnehmung dieser Person als »Ich«.

Beendigung und Pfad. Dies sind »Wahrheiten«, weil sie bezüglich der Natur der Dinge, wie sie sind, fehlerfrei sind, und sie sind »edel«, weil sie von erhabenen Wesen verwirklicht werden oder beziehungsweise weil sie von Natur aus edel sind.[16] In Bezug auf diese Wahrheiten konzentrieren sich die Śrāvaka auf die vier Wahrheiten in Bezug auf die drei Welten und meditieren in Form ihrer sechzehn Unterteilungen darüber.

Zu gegebener Zeit entsteht die Weisheit des Pfades des Sehens, der die sechzehn Augenblicke des Wissens und der Annahme umfasst. Anschließend beseitigen sie nach und nach die Verunreinigungen, die mit den neun Ebenen der drei Welten verbunden sind, die auf dem Pfad der Meditation nach und nach beseitigt werden müssen. Auf diese Weise erzielen sie vier Ergebnisse. Wenn sie von den ersten drei oder vier der neun Grade der Verunreinigungen der Welt der Begierden befreit sind, erreichen sie den Zustand eines Strom-Eingetretenen. Wenn sie den sechsten Grad der Verunreinigungen beseitigt haben, erreichen sie den Zustand eines Einmal-Wiederkehrers.[17] Wenn der neunte beseitigt ist, erreichen

---

16 Das tibetische Wort »*phags pa*« (Skt. *āryā*) bedeutet im Allgemeinen »erhaben« oder »erhöht«, obwohl es im Zusammenhang mit den vier Wahrheiten im Allgemeinen als »edel« übersetzt wird. Siehe auch Glossar »erhabenes Wesen«.

17 Die Anzahl der Grade der Befleckung, die von denjenigen beseitigt werden, die die Stufe des Stromeingetretenen erreichen, scheint variabel zu sein. Einige Stromeingetretene haben den fünften Grad der Befleckung beseitigt, andere haben den vierten beseitigt und dann, wenn sie den fünften beseitigt haben, werden sie zu Kandidaten für den Zustand eines Einmal-Wiederkehrers. Durch die Beseitigung des sechsten werden sie zum Einmal-Wiederkehrer, die im Resultat verweilen. Siehe LONGCHEN YESHE DORJE, KANGYUR RINPOCHE, *Treasury of Precious Qualities*, Band 1, übersetzt von Padmakara Translation Group (Boston: Shambhala Publications, 2010), 230, und JAMGÖN KONGTRUL, *The Treasury of Knowledge: Book Six, Part Three: Frameworks of Buddhist Philosophy*, übersetzt von Elizabeth M. Callahan (Ithaca,

sie den Zustand eines Nicht-mehr-Wiederkehrers. Und wenn alle Befleckungen des Gipfels der Existenz beseitigt sind, erreichen sie den Zustand eines Arhat.

2) Erklärung des Fahrzeuges der Alleinverwirklicher [Pratyekabuddhayāna]

»Diejenigen, die dem Pratyekabuddhayāna folgen, stimmen mit den Śrāvaka darin überein, das dauerhafte Selbst und so weiter zu verleugnen, das sich von den Eternalisten und anderen vorgestellt wird, mit all ihren konzeptionellen Übertreibungen und Abwertungen aller Phänomene. Sie unterscheiden sich von ihnen jedoch darin, dass sie die Abwesenheit eines Selbst in den Phänomenen, die sich auf das Aggregat der Form beziehen, teilweise erkannt haben. Und im Gegensatz zu den Śrāvaka, wenn sie das Ergebnis (Erleuchtung als Pratyekabuddha) erreichen, tun sie dies, ohne sich auf einen spirituellen Lehrer zu stützen. Es ist vielmehr durch die Kraft der vorherigen Gewöhnung, dass sie die tiefgründige letztendliche Natur der Phänomene in Bezug auf die zwölf Glieder des abhängigen Entstehens realisieren und anschließend das Ergebnis erzielen: die Erleuchtung der Pratyekabuddhas.«

Die Sicht derjenigen, die sich dem Fahrzeug der Alleinverwirklicher [Pratyekabuddhayāna] verpflichtet haben, d.h. dem Pfad, der es ihnen ermöglicht, die Natur der nicht-zusammengesetzten Essenz zu erreichen, was das Ergebnis der Pratyekabuddhas ist,

---

N.Y .: Snow Lion Publications, 2007), 142–44.

ist dem der Śrāvaka ähnlich. Sie negiert das permanente Selbst, die nihilistische Realität und so weiter, die von den Anhängern extremer Sichtweisen allen Phänomenen zugeschrieben wird, sei es durch Übertreibung oder Herabsetzung. Die Pratyekabuddhas unterscheiden sich von den Śrāvaka darin, dass sie das Fehlen des phänomenalen Ichs hinsichtlich des Aggregats der Form (eines der fünf Aggregate) oder genauer des Aggregats der Form, bestehend aus den zehn Sinnesfeldern, die zehn Bildekräften mit der Form und die nicht wahrnehmbaren Formen, die einen Teil der konstituierenden »geistigen Objekte« ausmachen, erkannt haben.[18] Indem sie sich darin üben, erreichen sie schließlich in ihrer letzten Existenz ihr Ergebnis – Erleuchtung als Pratyekabuddhas. Im Gegensatz zu den Śrāvaka stützen sie sich dann nicht auf einen spirituellen Lehrer.

Sie meditieren wie folgt. Als Ergebnis ihrer vorherigen Gewöhnung, indem sie einem Buddha gefolgt sind und sich auf der Stufe von »Heilsames erblickend«[19] und anderen geübt haben,

---

18 Nach dem Abhidharma, in dem der Geist als Sinnesorgan behandelt wird, gibt es achtzehn Bestandteile (tib. *khams bco brgyad*), die sechs Sinnesorgane (Auge, Ohr, Nase, Zunge, Körper und Geist) und sechs Sinnesobjekte umfassen (Formen, Töne, Gerüche, Geschmäcker, körperliche Empfindungen und mentale Objekte) und sechs entsprechende Sinnesbewusstseine. Von diesen umfassen die zehn Bestandteile mit der Form (tib. *gzugs can gyi khams bcu*) die ersten fünf Sinnesorgane und ihre fünf Objekte, ebenso wie die zehn Sinne und Felder (oder *āyatana*s) mit der Form (tib. *gzugs can gyi skye mched bcu*). Dazu kommen bestimmte geistige Objekte, von denen man annimmt, dass sie im Abhidharma Form haben und die als »nicht wahrnehmbare Form« bezeichnet werden (tib. *rnam par rig byed min pa'i gzugs*). All diese sind im Aggregat der Form (tib. *gzugs kyi phung po*) enthalten. Siehe auch Longchen Yeshe Dorje, *Treasury of Precious Qualities*, Band 1, Anhang 4.

19 Tib. *dkar po rnam par mthong ba'i sa,* die erste der acht Ebenen des Grundlagenfahrzeugs, entspricht dem Pfad der Ansammlung der Zuhörer; das Stadium, in dem man zum ersten Mal die tugendhaf-

realisieren sie die Bedeutung der zwölf Glieder des abhängigen Entstehens, deren Essenz die vier Wahrheiten sind. Die sieben Glieder, die mit dem Leiden zusammenhängen, entsprechen der Wahrheit des Leidens. Die drei im Zusammenhang mit Befleckungen und die beiden im Zusammenhang mit der karmischen Handlung entsprechen dem Ursprung.[20] Die Bereinigung dieser Faktoren des totalen Leidens[21] entspricht der Wahrheit der Beendigung. Und der Weg, der zu diesem Ziel führt, einschließlich der Verwirklichung der Bedeutung der wechselseitigen Bedingtheit und die anschließende Gewöhnung daran, entspricht der Wahrheit des Pfades.

Gemäß einem anderen Ansatz hat jedes der zwölf Glieder vier Aspekte. Die Erwerbung jedes Gliedes entspricht der Wahrheit des Leidens, die Tatsache, dass jedes Glied die Bedingung für die Erschaffung des nächsten ist, entspricht dem Ursprung, das Anhalten jedes Gliedes durch das Eindämmen des Gliedes, das ihm vorangeht, entspricht der Wahrheit der Beendigung und korrekte Meditation über die Natur jedes Gliedes, um es zum Stillstand zu bringen, ist der Pfad. So entstehen für jedes der Glieder die sechzehn Momente der zeitlosen Weisheit, die die vier Wahrheiten als ihr Objekt nehmen, so dass es 192 Momente der zeitlosen Weisheit gibt. Diese entstehen bei einer einzigen Sitzung und anschließend wird die Erleuchtung als Pratyekabuddha erreicht. Auf

---

ten Qualitäten der vollständigen Reinheit wahrnimmt.

20 Von den zwölf Gliedern des abhängigen Entstehens hängen Bewusstsein, Name und Form, Sinneskräfte, Kontakt, Gefühl, Geburt und Alterung und Tod mit dem Leiden zusammen. Unwissenheit, Verlangen und Greifen hängen mit den Befleckungen zusammen und bedingende Faktoren und das Werden hängen mit Karma zusammen. Für eine detaillierte Beschreibung der zwölf Glieder siehe LONGCHEN YESHE DORJE, *Treasury of Precious Qualities*, Band 1, 175.

21 »Totales Leiden« (tib. *kun nas nyon mongs pa*) bezieht sich kollektiv auf die Wahrheit des Leidens und die Wahrheit des Ursprungs. Siehe Glossar.

diese Weise erkennen diese Wesen die illusorische letztliche Natur der Phänomene, die tiefgründige Bedeutung. Obwohl sie sich in einer unvorstellbaren Konzentration befinden, in der die Sprache vollständig zum Erliegen gekommen ist, haben sie immer noch den Gedanken »Es ist unbeschreiblich«, weil sie das Konzept des wahrnehmenden Subjekts nicht beseitigt haben.

Abhängiges Entstehen ist ein Pfad, der allen buddhistischen Fahrzeugen gemeinsam ist. Bei den Śrāvaka wird durch das starke Festhalten an den Merkmalen von Ursache und Wirkung das falsche Verständnis der Kausalität der Nicht-Buddhisten beseitigt. Die Pratyekabuddhas verstehen das abhängige Entstehen auf einer tieferen Ebene und erkennen, dass es keine inhärente Essenz gibt, die mit Ursache und Wirkung zusammenhängt und als erfasstes Objekt existiert. Die Yogācārins haben eine noch tiefere Realisation und verstehen, dass es keine substanziellen Ursachen oder Resultate gibt, die als wahrgenommenes Selbst existieren. Und die Mādhyamikas erkennen, dass kein substanzieller Grund oder substanzielles Ergebnis existiert, selbst wenn es sich um das reflexive Bewusstsein handelt, wodurch alle Ausführungen vollständig beruhigt werden.

Nach der eben beschriebenen Praxis des Pfades folgt das Ergebnis, nämlich die Erleuchtung der Pratyekabuddhas, die entweder durch Übung in Gruppen oder, wie Nashörner, in Einsamkeit erreicht wird.

3. Erklärung des Fahrzeugs des Bodhisattvas [Bodhisattvayāna]

> ***»Die Sichtweise derjenigen, die dem Bodhisattva-Fahrzeug folgen, ist, dass auf der letzten Ebene alle Phänomene, ob totales Leid oder völlige Reinheit, keine inhärente Existenz haben, während sie auf der relativen Ebene bloße Illusionen sind, jede mit ihren eigenen unterschiedlichen Merkmalen. Als Ergebnis ihrer Ausbildung in den zehn transzendenten Vollkommenheiten durchlaufen die Bodhisattvas schrittweise die zehn Stufen, an deren Ende sie eine unübertreffliche Erleuchtung erreichen.«***

Das Bodhisattvayāna hat seinen Namen von seiner Ursache. Sein Ergebnis unterscheidet sich nicht von dem des geheimen Mantras, daher bilden sowohl das Mantrayāna als auch das Fahrzeug der transzendenten Vollkommenheiten dasselbe Große Fahrzeug [Mahāyāna]. Sie unterscheiden sich jedoch in ihrem Pfad, der hier das Fahrzeug der Eigenschaften ist.[22] Nach Ansicht der Personen, die mit diesem Fahrzeug befasst sind, ist das gesamte Leid, das Saṃsāra darstellt, sowohl Ursache als auch Ergebnis, und die vollständige Reinheit, die Nirvāṇa darstellt, sowohl Ursache als auch Ergebnis, letztendlich völlig leer von innewohnender oder wahrhaftiger Existenz ist. Die Essenz der letztendlichen Wahrheit ist die Freiheit von geistiger Ausschmückung und wird letztendlich be-

---

22 Die Ursache des Bodhisattva-Fahrzeugs ist Bodhicitta, die Geisteshaltung, die auf die höchste Erleuchtung ausgerichtet ist, und Bodhisattvas sind diejenigen, die dieses Bodhicitta haben. Im vorliegenden Zusammenhang sind die Begriffe »Bodhisattva-Fahrzeug«, »Fahrzeug der transzendenten Vollkommenheiten« und »Fahrzeug der Eigenschaften« synonym.

zeichnet, weil sie das Ziel der letztendlichen Weisheit ist oder weil sie die höchste aller Errungenschaften ist. Die letztendliche Wahrheit kann in zwei Arten unterteilt werden: die nominale letztendliche Wahrheit, in der konzeptuelle Ausschmückungen teilweise aufgehoben wurden, und die letztendliche Wahrheit an sich, in der alle konzeptuellen Ausschmückungen vollständig befriedet sind.

Die relative (wörtlich »alles überdeckende«) Wahrheit ist das getäuschte Bewusstsein zusammen mit den Erscheinungen. Es wird so genannt, weil der wahre Zustand der Dinge »verdeckt« ist, der durch Verschleierungen oder durch zufällige, irreführende Gedanken verschleiert und konzeptualisiert wird. Sie wird in korrekte relative Wahrheit und falsche relative Wahrheit unterteilt.[23] Was diese relative Wahrheit angeht, treten Erscheinungen, denen es an wahrer Existenz fehlt, in der Art bloßer Illusionen auf. Hier schließt das Wort »bloß« aus, dass sie sich als wirklich begründen. Auf der Ebene des bloßen Erscheinens[24] haben Dinge die Fähigkeit, ihre jeweiligen Funktionen zu erfüllen, und es wäre falsch, sie zu leugnen und zu sagen, dass sie nicht existieren. Sie sind Objekte reiner und unreiner Erfahrung und haben individu-

---

23 Die korrekte relative Wahrheit (tib. *yang dag pa'i kun rdzob*) deckt alle Dinge ab, die von gewöhnlichen Menschen konventionell als »wahr« bezeichnet werden (obwohl ihre Wahrnehmung selbstverständlich hinsichtlich der letztendlichen Natur der Phänomene getäuscht ist). Solche Dinge werden auch als fähig wahrgenommen, ihre jeweiligen Funktionen zu erfüllen. Falsche relative Wahrheit (tib. *log pa'i kun rdzob*) dagegen deckt die Dinge ab, die gewöhnliche Menschen im Allgemeinen als falsch betrachten und die keine Funktionen ausführen können. Ein Beispiel für korrekte relative Wahrheit ist ein See, der nach allgemeinem Konsens Wasser enthält, das wiederum die Funktionen oder Eigenschaften des Befeuchtens und Löschens von Durst besitzt. Im Gegensatz dazu enthält eine Fata Morgana kein Wasser und kann den Durst eines Wüstenreisenden nicht löschen. Sie wird daher als falsche relative Wahrheit eingestuft.

24 Tib. *snang tsam po* – das heißt gewöhnliche Erscheinungen.

elle, charakteristische Merkmale, denn sie existieren entsprechend konventioneller Bewertungsmethoden durch gültiges Erkennen.

Vorläufig werden die Dinge also im Hinblick auf die zwei Arten des gültigen Erkennens festgestellt, und auf der letztendlichen Ebene werden sie richtigerweise als die große Gleichheit ohne Ausschmückung, die Vereinigung von Erscheinung und Leerheit, die Untrennbarkeit der beiden Wahrheiten festgestellt. Sobald dies geschehen ist, folgt der Pfad der Meditation. Dies wird durch »die zehn transzendenten Vollkommenheiten« gekennzeichnet, die sich auf die zehn mit Weisheit erfüllten tugendhaften Praktiken (Großzügigkeit und so weiter) beziehen, und von allen verschiedenen Arten von Weisheit ist die höchste und vollkommenste die nonduale zeitlose Weisheit. Der Ausdruck »transzendente Vollkommenheiten« wird für diese zehn tugendhaften Praktiken verwendet, weil sie »darüber hinausgehen« in dem Sinne, dass sie zu der von uns so genannten letztendlichen Wirklichkeit gelangen, die frei von Ersinnen ist, die nicht Gegenstand des Intellekts ist, sondern diesen übersteigt und auch weil sie auf die andere Seite des Ozeans von Saṃsāra gehen. Es gibt also zwei Möglichkeiten, diesen Ausdruck auf den Pfad anzuwenden.

Auf diese Weise üben sich Bodhisattvas etappenweise in den zehn Stufen, die die Zwischenergebnisse der Übung darstellen. Das Endergebnis ist die Erreichung der unübertrefflichen Erleuchtung, gekennzeichnet durch die Vollendung aller Qualitäten wie Stärke und Furchtlosigkeit,[25] die denen der Śrāvaka und Pratyekabuddhas überlegen ist.

---

[25] Die zehn Stärken, vier Furchtlosigkeiten und andere Qualitäten der Verwirklichung eines Buddhas. Siehe LONGCHEN YESHE DORJE, *Treasury of Precious Qualities*, Band 1, Anhang 5.

ii. Präsentation des Mantrayāna
A) Kurze Einführung

> ***»Das Vajrayāna ist ebenfalls in drei Teile unterteilt: das Fahrzeug des Kriyātantra, das Fahrzeug des Ubhayatantra und das Fahrzeug des Yogatantra.«***

Das Vajrayāna ist wie folgt in drei Teile unterteilt:

- *Kriyātantra,* in dem man feststellt, dass innere Konzentration zwar sicherlich die Hauptursache ist, die Verwirklichung jedoch nicht ohne äußere Aktivitäten wie Reinheit und asketische Praktiken erreicht wird;
- *Ubhayatantra,* das besagt, dass Verwirklichung durch äußere Aktivitäten und innere Konzentration erreicht wird;
- *Yogatantra,* das besagt, dass Verwirklichung auch unabhängig von äußeren Aktivitäten allein durch Konzentration erreicht wird.

B) Detaillierte Erklärung
1) Präsentation des Kriyātantra

> ***»Die Sichtweise derjenigen, die dem Fahrzeug des Kriyātantra folgen, ist, dass es auf letztendlicher Ebene kein Erscheinen oder Vergehen gibt. Auf dieser Grundlage meditieren sie auf relativer Ebene über den Formkörper der Gottheit. Durch die Kraft des Verbindens des Abbildes des Körpers der Gottheit, ausgestattet mit den Symbolen, die den Geist der Gottheit symbolisieren, der Rezitation des Mantras sowie den erforderlichen Bestandteilen (vor allem die Einhaltung der***

Sauberkeit, die Beachtung bestimmter Zeiten, der Planeten, Konstellationen und so weiter), zusammen mit der Ursache und den Bedingungen wird die Vollendung erreicht.

Die Sichtweise derjenigen, die dem Fahrzeug[26] des Kriyātantra folgen, ist wie folgt. Auf der letztendlichen Ebene meditieren sie über die Tatsache, dass alle Phänomene keine angeborene Natur haben, die erscheint und vergeht, während sie auf der relativen Ebene über den Formkörper einer Gottheit meditieren. Diejenigen, die auf diese Weise meditieren und die das Bodhicitta sowie die drei Prinzipien besitzen, werden als geeignete Gefäße für die Vollendung erklärt. Die drei Prinzipien sind das Prinzip der eigenen Natur, das Prinzip der Gottheit und das Prinzip der Rezitation. Diese drei umfassen jeweils die Art der Phänomene von Saṃsāra, die Attribute des Nirvāṇa und die Attribute der Mittel, um Letzteres zu erreichen.

Das *Prinzip der eigenen Natur* betrifft das »Ich«, bei dem es sich einfach um die fünf Aggregate handelt, die als ein Objekt betrachtet werden, das vom Intellekt nicht hinterfragt wird. Die Natur dieses Selbst ist nach Ansicht der Śrāvaka leer, da es keine konzeptionellen Strukturen wie Selbst und »Meins«, Eternalismus und Nihilismus gibt, wie von den Fundamentalisten behauptet. Die Śrāvaka sagen jedoch nicht, dass Phänomene wie die Aggregate überhaupt nicht existieren.[27] Für die Yogācārins ist es leer, ohne die konzeptuellen Strukturen der Subjekt- und Objektkonzepte der Śrāvaka zu haben, aber sie sagen nicht, dass das reflexive Bewusstsein – der Verstand und die mentalen Ereignisse – überhaupt

[26] oder auch Vehikel, skt. *yāna*, tib. *theg pa*, das, was uns auf dem spirituellen Weg zu unserem endgültigen Ziel führt. A.d.Ü.

[27] Wörtlich »Für sie wäre es eine ungerechtfertigte Negation zu sagen, dass Phänomene wie die Aggregate überhaupt nicht existieren.«

nicht existieren. Und für die Mādhyamikas ist es leer von den Cittamātrins-Konzepten der letztendlichen nichtkonzeptuellen Weisheit. Für sie ist die Natur des Selbst ein Zustand der vollständigen Befriedung aller konzeptionellen Eigenschaften.[28]

Das *Prinzip der Gottheit* besteht aus sechs Elementen des geheimen Mantras: Leere, Klang usw., die als »sechs Gottheiten« bekannt sind.[29] Das Prinzip der eigenen Natur ist wie eine goldene Platte, bedeckt sozusagen mit dem Prinzip der Gottheit, die wie verfeinertes Quecksilber ist. Darauf wird immer wieder meditiert.

Das *Prinzip der Rezitation* besteht aus drei wesentlichen Zuständen, drei großen Bildern, drei Konzentrationsobjekten und vier Zweigen.

Die drei wesentlichen Zustände sind zeitlose Weisheit, Name und Form. Nachdem wir erkannt hatten, dass auf der letzten Ebene die reine Natur der Gottheit und die eigene unreine Natur nicht zwei getrennte Wesenheiten sind, meditiert man entsprechend. Man erfährt also, dass reines selbsterkennendes Gewahrsein, welches die zeitlose Weisheit der Gottheit ist, und unreines Gewahrsein, das Wissen von einem selbst, keine zwei getrennten Dinge sind und dass es auch keinen Unterschied zwischen dem Körper und der Rede der Gottheit gibt, die überlegen erscheint, und dem eigenen Körper und der eigenen Rede, die als gewöhnlich erscheinen. Auf dieser Basis wird man sogar auf der relativen Ebene in die Gottheit verwandelt und als Gottheit erzeugt. Indem man sich

---

28 Mit anderen Worten, das Prinzip der eigenen Natur bezieht sich auf die Wahrung der Mādhyamaka-Sicht der Leerheit.

29 Die sechs Gottheiten sind die Gottheit als Leere, Gottheit als Schriftzeichen, Gottheit als Klang, Gottheit als Form, Gottheit als Mudrā und Gottheit als Symbol. Siehe Longchen Yeshe Dorje, *Treasury of Precious Qualities*, Band 2, 101 und 375n77.

darin übt, erreicht man die Gottheit, welche die Essenz des Ergebnisses ist, die Reinigung der Täuschung. So ist ihre Sichtweise.

Die drei großartigen Bilder sind:

- die Vorstellung des Körpers, die darin besteht, auf diese Weise zu meditieren, den Körper der Gottheit mit den Haupt- und Nebenmerkmalen zu visualisieren;
- die Vorstellung des Geistes, die darin besteht, auf die Mondscheibe im Herzen der Gottheit zu meditieren, um Bodhicitta zu symbolisieren;
- die Vorstellung der Rede, das Mantra, die auf letzterem angeordnet ist.

Die drei Konzentrationsobjekte beziehen sich auf die drei Vorstellungen. Während der Rezitation muss man sich auf die Weisheitsgottheit vor einem und auf alle drei Vorstellungen konzentrieren – also auf drei Objekte.

Die vier Zweige sind die vier verschiedenen Zweige der Rezitation: nämlich die drei Objekte der Konzentration zusammen mit sich selbst als die Meditationsgottheit,[30] die die Rezitation durchführt. Diese können auch zu zwei Konzentrationsobjekten, drei Zweigen usw. zusammengefasst werden.[31] Obwohl man nicht selbst die Gottheit ist, wird der Seinsstrom deswegen als die Gottheit angesehen, weil sie eines Tages durch die Ursachen und Bedingungen verändert erscheint.

Als Hilfe für die Praxis meditiert man auf einer Zeichnung oder Statue als Abbild des Körpers der Gottheit der drei Familien, in die man Vertrauen hat. Man meditiert auch über die Vorstel-

---

30 Tib. *dam tshig sems dpa'*, Skt. *samayasattva*

31 In anderen Texten können zwei Konzentrationsobjekte, drei Zweige usw. erwähnt werden. In diesem Fall umfassen sie alle oben genannten Punkte.

lungen oder die symbolischen Eigenschaften des Geistes der drei Familien, in anderen Worten, auf den drei Mudrās – der haltenden Samayamudrā, der Konzentrations-Samayamudrā und der Meditations-Samayamudrā. Die erste davon bezieht sich auf Vajra und Glocke, die vom Praktizierenden gehalten werden; die zweite auf die symbolischen Attribute des Geistes der Weisheitsgottheit, wie Lotus, Vajra, Schwert und so weiter; und die dritte auf die symbolischen Attribute des Geistes der Meditationsgottheit und der Weisheitsgottheit.[32] Außerdem gibt es die Vorstellung der Rede, die sich auf die Rezitation bezieht. Diese hat drei Aspekte: Gewissheit, Ununterbrochenheit und Vollständigkeit. Gewissheit bezieht sich auf die Durchführung der Rezitation gemäß dem Versprechen, das abgegeben wurde. Unterbrechungslosigkeit bezieht sich auf die Abwesenheit von Fehlern während der Rezitation (Gähnen, Husten, gewöhnliche Konversation usw.). Vollständigkeit bezieht sich auf die Anzahl der Wiederholungen des Mantras.

Dann gibt es noch die äußeren Voraussetzungen. Dies umfasst vor allem das äußere Verhalten des Menschen – Sauberkeit in reinen Handlungsbereichen (äußere und innere Waschungen usw.), besondere Zeiten für die Ausübung der Praktiken und astrologisch günstige Tage der Woche wie Donnerstag und die lunaren Häuser wie Puṣyā.[33]

Durch die Kraft der Verbindung, das Abbild des Körpers, die Symbole des Geistes, die Rezitation des Mantras und die äußeren Erfordernisse zusammen mit der Sicht (der Ursache) und den äußeren und inneren Erfordernissen (den Bedingungen), wird Verwirklichung erreicht.

---

32 Tib. *ye shes sems dpa'*, Skt. *jñānasattva*.

33 Puṣyā ist das achte der 28 Mondhäuser der indischen Astrologie.

Obwohl Padmasambhava gesondert darauf hinweist, dass auf der letztendlichen Ebene alles ohne Entstehen und Vergehen ist und wie auf relativer Ebene über die Gottheit meditiert wird, erwähnt er nicht, ob die relativen Erfahrungsfelder als rein oder unrein betrachtet werden, noch erwähnt er die Besonderheiten des Ergebnisses. Der Grund dafür ist, dass man gesagt hat, dass man in der relativen Wahrheit meditieren sollte, dass alles die Gottheit ist. Es ist nicht notwendig, dass er sagt: »In der relativen Wahrheit, betrachte alles als die Gottheit.« Es ist in Übereinstimmung mit der Sicht, die man etabliert hat, dass man dann konzentriert übt. Denn zwischen Sicht und Meditation darf es keinen Konflikt geben. Es ist notwendig, sowohl Wissen als auch »Füße« zu haben.[34] Ein anderer Grund ist, dass die geheimen Mantra-Texte vollkommen reine Erfahrungsfelder als Gegenstand haben.[35]

Das Ergebnis dieser Übung wird nicht gesondert erwähnt, denn obwohl die gemeinsamen Aktivitäten und Errungenschaften nicht gleich sind, ist die höchste Errungenschaft dieselbe – unübertreffliche Erleuchtung.

2) Präsentation des Ubhayatantra

»Die Sichtweise derjenigen, die dem Fahrzeug des Ubhayatantra folgen, ist, dass es letztendlich kein Erscheinen oder Vergehen gibt. Auf dieser Grundlage meditieren sie auf re-

---

34 Tib. *rig pa dang rkang pa ldan pa*. In seinem Kommentar zum *Sūtra der Achtsamkeit der drei Juwelen* erklärt Mipham Rinpoche, dass »Wissen« gleichbedeutend mit »Sehen« ist und der rechten Sicht entspricht, während »Füße« den anderen Aspekten des achtfachen adligen Pfades entspricht, dem Pfad der Meditation.

35 Mit anderen Worten, die reine Vision ist ein wesentliches Merkmal des tantrischen Pfades.

lativer Ebene über den Formkörper der Gottheit. Indem sie sich sowohl auf die meditative Konzentration mit vier Prinzipien als auch auf alle anderen erforderlichen Elemente, Ursachen und Bedingungen stützen, werden sie erfolgreich sein.«

Die Ansicht derjenigen, die dem Fahrzeug von Ubhayatantra folgen, wird wie folgt angenommen. Auf der letzten Ebene gibt es kein Entstehen oder Aufhören, und auf dieser Basis meditieren sie auf relativer Ebene über den Formkörper der Gottheit. Der Ausdruck »meditative Konzentration mit vier Prinzipien« bezieht sich auf das Prinzip der eigenen Natur, das Prinzip der Gottheit, das Prinzip der Konzentration und das Prinzip der Rezitation. Das Prinzip der eigenen Natur ist die Visualisierung von sich selbst als Meditationsgottheit. Das Prinzip der Gottheit ist die Einladung der Weisheitsgottheit, die daraufhin direkt vor einem auf Höhe der Augenbrauen verweilt. Das Prinzip der Konzentration ist die Anordnung der Mondscheibe im Herzen der vor einem visualisierten Gottheit und im eigenen Herzen, während man sich als Gottheit visualisiert, zusammen mit der Keimsilbe, die vom Mantra umgeben ist, das um sie herum gelesen wird. Das Prinzip der Rezitation ist eine Rezitation, die frei von den zehn Fehlern[36] ist und mit dem Atemzug kombiniert wird. Wenn man ausatmet, konzentriert man sich auf die Anrufung der Gottheit, und wenn man einatmet, konzentriert man sich auf die Verleihung von Errungenschaften.

---

36 Die zehn Fehler in der Mantra-Rezitation, wie sie im Tantra »*Das Rad des fürchterlichen Weisheitsblitzes*« aufgeführt sind: rezitieren zu laut oder zu leise, zu schnell oder zu langsam, zwanghaft oder zu gemächlich, die Silben verdrehen, Ablenkungen, Gähnen usw., umherwandernde Gedanken.

Indem man sich sowohl auf die innere Konzentration als auch auf die äußeren Erfordernisse, das Zusammentreffen von Ursachen und Bedingungen, das unbeschädigte Samaya usw. stützt, wird man die allgemeinen Errungenschaften und die höchsten Errungenschaften erlangen: die Stufe des Vajradhara der vier Familien.

3) Präsentation des Yogatantra

a) Kurze Einführung

> ***»Die Sichtweise derjenigen, die dem Fahrzeug des Yogatantra folgen, hat zwei Aspekte – das Fahrzeug des äußeren Yogatantra der Entbehrung und das Vehikel des inneren Yogatantra der geschickten Mittel.«***

Die Sichtweise derjenigen, die dem Fahrzeug des Yogatantra folgen, in dem man sich der Bedeutung der letztendlichen Realität nähert,[37] hat zwei Aspekte. Der äußere Yoga, der für diejenigen gedacht ist, die sich und den Buddha auf der relativen Ebene nicht als gleichwertig betrachten und die yogische Disziplin des Verhaltens, in dem alles gleich ist, nicht durchführen, ist das Fahrzeug tantrischer Entbehrung. Es wird so genannt, weil die Praktizierenden, die nicht in der Lage sind, die Samayas des »nichts ist einzuhalten« zu praktizieren, sich niemals von den allgemeinen Gelübden trennen dürfen[38] oder weil sie, wenn sie auf die drei

37 Tib. *chos nyid kyi don la reg pa,* wörtlich »Man berührt die letztendliche Natur (der Phänomene)«.

38 Wesen, die in der Lage sind, die vier Samayas des »nichts einzuhalten« zu praktizieren, sind Praktizierende der Großen Vollkommenheit mit dem höchsten Grad der Verwirklichung, die in der Lage sind, ständig in der endgültigen Realität zu bleiben. Praktizierende ohne diese Fähigkeit müssen die gemeinsamen Gelübde und Ver-

Tore als die drei Geheimnisse meditieren, niemals von widrigen Faktoren beeinflusst werden.[39] Das Gegenstück dazu ist der innere Yoga, das tantrische Fahrzeug der geschickten Mittel, um alles, was erscheint, in große Glückseligkeit umzuwandeln.

b) Detaillierte Erklärung

i) Präsentation des äusseren Yogatantra

> ***»Die Sichtweise derjenigen, die dem Fahrzeug des äußeren Yogatantra der Entbehrung folgen, ist wie folgt. Anstatt die äußeren Anforderungen zu betonen, halten sie die yogische Praxis für am wichtigsten: Sie meditieren über die männlichen und weiblichen Gottheiten, die auf der letztendlichen Ebene jenseits von Erscheinen oder Vergehen sind; und mit der Konzentration eines vollkommen reinen Geistes, der mit dieser Sichtweise übereinstimmt, meditieren sie, versiegelt mit den vier Mudrās, über den Formkörper der erhabenen Gottheit. Auf diese Weise erhalten sie Verwirklichung.«***

Die Sichtweise derjenigen, die mit dem Vehikel des äußeren Yogatantra der Entsagung befasst sind, wird wie folgt angenommen. Anstatt äußeren Anforderungen wie in Kriyā große Bedeutung beizumessen, betonen sie den inneren Yoga und meditieren über

---

pflichtungen genauestens einhalten. Siehe Longchen Yeshe Dorje, *Treasury of Precious Qualities*, Band 2, 205–8.

39 Der tibetische Begriff *thub pa rgyud kyi theg pa* (Fahrzeug der tantrischen Entsagung) wird hier in Bezug auf die verschiedenen Bedeutungen des Wortes *thub pa* erläutert, wobei er sich in erster Linie auf die Strenge (*dka 'thub*) bezieht, nämlich das Gelübde streng zu halten, und zweitens auf die Fähigkeit, sich widrigen Bedingungen zu stellen, indem man auf sich selbst als Gottheit meditiert.

die männlichen und weiblichen Gottheiten, deren Natur auf der letzten Ebene über das Entstehen und Vergehen hinausgeht und die als Erscheinungsaspekt auftreten. Mit der Konzentration eines vollkommen reinen Geistes, in dem die Meditation mit dieser Sichtweise übereinstimmt, meditieren sie über den »Formkörper der erhabenen Gottheit«. Dies bezieht sich auf die Gottheit, die vom Samaya-Halter visualisiert wird, der auf die ursächlich passende Gottheit[40] meditiert, die sowohl mit der letztendlichen Gottheit als auch mit der spezifisch wahrgenommenen Gottheit[41] assoziiert ist, d. h. der letztendlichen Gottheit und der Gottheit des relativen Erscheinungsaspektes. Beim Üben in diesem wird die Konzentration, welche die Art und Weise manifestiert, in der die beiden Wahrheiten die Natur der Gottheit sind, durch die fünf Faktoren des Erwachens[42] und die vier großen Wunder[43] erzeugt und den vier Siegeln zugeordnet, die wie folgt sind.

Das große Siegel des Körpers (*Mahāmudrā*) ist der eigentliche Körper der Gottheit und dessen ursächliche Keimsilbe, Attribute und so weiter. Das Dharmasiegel der Rede (*Dharmamudrā*) ist die Zunge, die als fünfzackiger Vajra und so weiter visualisiert wird. Das Samaya-Siegel des Geistes (*Samayamudrā*) umfasst das Konzentrieren und Halten. Das Konzentrieren bezieht sich auf den

---

40 Tib. *rgyu mthun pa'i lha*. Die vom Praktizierenden visualisierte Gottheit ist nicht die eigentliche Gottheit, sondern, weil sie der Letzteren ähnlich ist, dient sie als Ursache für die Verwirklichung der Gottheit.

41 Tib. *sems pa'i bye brag gi lha*, die spezifische Gottheit (zum Beispiel einer der Buddhas der drei Familien), die gemäß den besonderen geistigen Neigungen und Wahrnehmungen des Praktizierenden ausgewählt wird.

42 Tib. *mgon par byang chub pa lnga*. Die fünf Faktoren sind Leerheit, der Mondthron, die Keimsilbe, die Handattribute und der Körper der Gottheit.

43 Tib. *cho 'phrul chen po bzhi*. Die vier großen Wunder sind Konzentration, Segen, Ermächtigung und Darreichungen.

Aspekt der Symbole (den fünfzackigen Vajra und dergleichen) der Verwirklichung der fünf Weisheiten und Halten bezieht sich auf den Vajra und die Glocke. Das Handlungssiegel der Aktivitäten (*Karmamudrā*) bezieht sich auf das Aussenden von Lichtstrahlen aus dem gekreuzten Vajra auf der Mondscheibe im Herzen und ihr Wiederaufnehmen, das die erhabenen Wesen einlädt, die Wesen erfreut und so weiter. Mit diesen vier Siegeln bleiben die Praktizierenden fleißig, indem sie niemals von Körper, Rede, Geist und Aktivitäten der Buddhas abweichen. Eine andere Erklärung ist, dass sie diese in einer einzigen Essenz versiegeln. Indem sie auf diese Weise üben, den inneren Yoga betonen, erreichen sie die allgemeinen und höchsten Errungenschaften.

ii) Präsentation des inneren Yogatantra

(A) Kurze Einführung

> ***»Die Sichtweise derjenigen, die dem Fahrzeug des inneren Yogatantras der geschickten Mittel folgen, hat drei Aspekte: die Methode der Erzeugung, die Methode der Vollendung und die Methode der Großen Vollkommenheit.«***

Die Sichtweise derjenigen, die mit dem inneren Yogatantra der geschickten Mittel befasst sind, hat drei Aspekte:

- *Mahāyoga*, die Methode der Entstehung, die vor allem geschickte Mittel lehrt, die Erzeugung der Gottheit;
- *Anuyoga*, die Methode der Vollendung, die vorwiegend zeitlose Weisheit lehrt, die Stufe der Vollkommenheit;
- *Atiyoga*, die Methode der Großen Vollkommenheit, die hauptsächlich ihre nonduale Vereinigung lehrt.

(B) Detaillierte Erklärung

Die detaillierte Erklärung ist unterteilt in 1) eine allgemeine Erklärung dieser drei Methoden; und 2) eine spezifische Erläuterung der Möglichkeiten für deren Anwendung.

(1) Eine allgemeine Erklärung der drei Methoden

(a) Die Methode der Erzeugung

> ***»Bei der Methode der Erzeugung werden die drei Konzentrationen allmählich entwickelt und das Maṇḍala schrittweise aufgebaut. Wenn man auf diese Weise meditiert, wird Verwirklichung erreicht.«***

In den drei inneren Tantras ist es nicht der Fall, dass die Gottheit gesehen wird, wenn sie erzeugt wird, und nicht gesehen, wenn sie nicht erzeugt wird, da beide Fälle insofern ähnlich sind, als alles als das spontan anwesende Maṇḍala der Gottheit betrachtet wird – es gibt keine Trennung zwischen Ursache und Resultat. Die Tatsache, dass man durch Konzentration trainiert, beinhaltet jedoch, dass der Prozess schrittweise geübt werden muss. Dafür werden alle Phänomene als der erleuchtete Zustand im spiegelgleichen Maṇḍala betrachtet, das drei Aspekte hat: den natürlichen Buddha, den realisierenden Buddha und den Buddha der Verwirklichung. Der erste bezieht sich auf fühlende Wesen, und hier gibt es wieder den Buddha der Ursache der Geburt, den Buddha der Stütze der Geburt und den Buddha der vollen Manifestation der Geburt. Von diesen bezieht sich der Buddha der Ursache der Geburt auf die drei Ursachen, die den physischen Körper hervorbringen: Sperma, Eizelle und Geist. Der Buddha der Stütze der Geburt bezieht sich auf alle körperlichen und geistigen Bestandteile von Vater und Mutter. Der Buddha der vollen Manifestation der Geburt ist das Stadium der vollständigen Herausbildung des Körpers. Diese drei sind von sich aus im erleuchteten Zustand.

Zweitens bezieht sich der realisierende Buddha auf Wesen, die auf der Vidyadhara-Stufe weilen. Der dritte, der Vollendungs-Buddha, bezieht sich auf diejenigen, die tatsächlich die letztendliche Natur wahrnehmen. Diese werden auch als natürlich und situationsbedingt unterschieden. Obwohl es keine nicht erleuchteten Phänomene zu sehen gibt, wurde dies nicht verstanden und muss verwirklicht werden. Man ist damit nicht vertraut und muss es daher werden. Aus diesem Grund schult man den Geist in den drei Buddha-Ebenen.[44] Um den Geist auf die Ebene des Universellen Lichts zu schulen, meditiert man auf die nichtkonzeptuelle Konzentration von Soheit. Um auf die Ebene von Lotus-Geschmückt zu schulen, meditiert man auf die alles erleuchtende Konzentration und kombiniert zeitlose Weisheit und Mitgefühl. Und um auf der Ebene des Großen Rades der Ansammlung der Silben zu üben, meditiert man auf die Konzentration der Ursache, der Keimsilbe. Diese drei Konzentrationen werden in Stufen entwickelt. Wenn man sich an sie gewöhnt, baut man Schritt für Schritt das Maṇḍala der Stütze und des Unterstützten auf, und indem man auf diese Weise meditiert, wird die Vollendung erlangt.

---

44 Eine weitere Erwähnung dieser drei Buddha-Ebenen wird später in dem Buch gemacht (»Im Allgemeinen wird im Merkmalsfahrzeug...« siehe S.117).

(b) Die Methode der Vollendung

»In der Methode der Vollendung entfernt man sich auf der letztendlichen Ebene niemals von den männlichen und weiblichen Gottheiten (die auf der letztendlichen Ebene jenseits von Erscheinen und Vergehen sind) und aus der Weite der Wahrheit, dem mittleren Weg jenseits aller Begriffe. Auf der relativen Ebene visualisiert man deutlich den Formkörper der erhabenen Gottheit und meditiert über alles als dasselbe, dennoch unterscheidbar. Auf diese Weise erreicht man Verwirklichung.«

Die Methode der Vollendung, Anuyoga, ist wie folgt. Alle Punkte, die meditiert und praktiziert werden müssen, wie in den Yogatantra-Wurzeltexten verkündet, werden aus dem Blickwinkel der Fähigkeit gelehrt, auf alles klar und vollständig im selben Augenblick des Gewahrseins zu meditieren, dessen Natur Bodhicitta ist. Sie werden als eins visualisiert, »ohne sich von den beiden zu bewegen«. Obwohl sie untrennbar eins sind, sind sie in dreierlei Hinsicht verschieden und klar unterscheidbar und erscheinen wie die Sterne und Planeten, die sich im Meer spiegeln oder als gleichzeitiger Ausdruck der vier Modi von jemandem mit wundersamen Kräften.[45]

Auf der letzten Ebene gibt es das, was als die beiden Unerschütterlichkeiten bezeichnet wird. Die erste ist, dass man sich nicht von der erleuchteten Realisation entfernt, dass die Gesamtheit der phänomenalen Existenz die Natur der männlichen und weiblichen Gottheiten des Maṇḍalas ist, welche die spontane

[45] Die vier Verhaltensweisen (tib. *spyod lam bzhi*) sind: gehen, stehen, sitzen und liegen.

Gegenwart widerspiegelt, ohne Entstehen und Vergehen. Die zweite ist, dass man sich auch nicht von der Weite der Wahrheit entfernt, dem mittleren Weg, dessen Bedeutung frei von jeglichem begrifflichen Extrem ist. Und ohne sich davon zu entfernen, meditiert man auf der relativen Ebene mit einer erhöhten Konzentration und visualisiert alle Aggregate, Elemente und Sinnesfelder als Formkörper der erhabenen Gottheit des Maṇḍalas. Dies nennen wir »die einzelne Visualisierung«. Was auch immer auftaucht, worauf auch immer man meditiert, in der letzten Realität ist alles das Gleiche, Bodhicitta, die Weite ohne Entstehen und Vergehen und wird daher als »untrennbar eins« bezeichnet.

Was die drei Arten anbelangt, in denen die Meditation klar unterschieden und nicht vermischt ist, so wird zunächst alles als spontan anwesendes Maṇḍala meditiert, ohne dass es mit anderen Konzentrationen durcheinanderkommt. Zweitens ist die Visualisierung der Farben, Attribute usw. im Maṇḍala der verstärkten Konzentration nicht vermischt und klar unterschieden. Und drittens vermischt sich die Form der Hauptgottheit im Maṇḍala nicht mit den anderen Gottheiten. All dies wird im selben Moment des Bewusstseins visualisiert, dessen Natur Bodhicitta ist. Durch diese Meditation wird die Vollendung erreicht.

Wenn man dies spontan und ohne Anstrengung anwenden kann und es hinsichtlich der Richtungen und Zeit in gleicher Weise anwenden kann, unterscheidet es sich nicht von der Großen Vollkommenheit. Hier ist jedoch die Übung mit Anstrengung verbunden, das Bewusstsein ist mit der Richtung verbunden, Momente sind mit der Zeit verbunden, und in diesem Sinne werden alle Punkte vollständig und augenblicklich angewendet.

In den Abschnitten über die Erzeugungs- und Vollendungsstufe erwähnte Padmasambhava, abgesehen von den Methoden zum Üben des Pfads, keine Unterschiede in der allgemeinen Sicht und dem Ergebnis. Der Grund dafür ist, dass sie so sind, wie er es bereits erklärt hatte. In der letztendlichen Wahrheit gibt es kein Entstehen oder Vergehen, und in der relativen Wahrheit wird alles als das illusorische, vollkommen reine Maṇḍala der Gottheit angesehen. Die beiden Wahrheiten werden als untrennbar angesehen, und das Ergebnis, die unübertreffliche Erleuchtung, unterscheidet sich nicht von derjenigen des gesamten Großen Fahrzeugs. Er ist daher der Ansicht, dass es nicht notwendig ist, sie hier erneut anzuführen.

(c) Die Methode der Grossen Vollkommenheit

Die Große Vollkommenheit umfasst die Bedeutung (oder Sichtweise)[46] und die Methode. Die Bedeutung dieser beiden besteht darin, dass alle Phänomene als das Wesen der Erleuchtung, der selbstentstandenen Weisheit dargestellt werden. Und die Methode ist Mittel und Weg für ihre Anwendung. Die folgende Passage war als kurze Einführung in diese beiden gedacht.

> »***In der Methode der Großen Vollkommenheit erkennt man, dass alle Phänomene, weltlich und überweltlich, untrennbar miteinander verbunden sind, da sie von Natur aus und von Anfang an das Maṇḍala des erleuchteten Körpers, der Rede und des Geistes sind. Man meditiert dann darüber.***«

Alle diese zahlreichen Unterschiede zwischen weltlichen und überweltlichen Phänomenen, relativen und letztendlichen, all-

[46] Tib. *don.*

gemeinen und besonderen Merkmalen, weiß und schwarz usw., sind untrennbar – untrennbar als die Natur des Maṇḍalas des erleuchteten Körpers, der Rede und des Geistes. Eine Analogie kann mit den Eigenschaften des Individuums und den Eigenschaften herkömmlicher Phänomene gemacht werden, die von gewöhnlichen weltlichen Menschen und den Nicht-Buddhisten mit extremen Sichtweisen vertreten werden, die alle in den buddhistischen Lehren enthalten und beschrieben werden. Inwiefern sind sie alle nicht voneinander getrennt? Sie sind seit jeher untrennbar seit allem Anfang an. Nachdem man dies erkannt hat, schult man dieses Verständnis.

Nach dieser kurzen Einführung gibt es eine Erklärung aus dem *Guhyagarbha-Tantra,* das den Begriff »Vajra« verwendet, um die diamantgleiche Natur des erleuchteten Körpers, der Rede und des Geistes aufzuzeigen:

»Wie im Tantra gesagt wird:

> ***Die Vajra-Aggregate***
> ***sind als die fünf perfekten Buddhas bekannt.***
> ***Alle die vielen Sinnesfelder***
> ***sind das Maṇḍala der Bodhisattvas.***
> ***Erde ist Locanā, Wasser Māmakī,***
> ***Feuer ist Pāṇḍaravāsinī, Wind ist Tārā***
> ***und Raum ist Dhātvīśvarī.***
> ***Die drei Welten sind von Anfang an rein.«***

Wie vom Meister[47] dargelegt, ist der Sinn folgender:

---

47 »Der Meister« bezieht sich hier auf Guru Padmasambhava.

> ***»Die Phänomene von Saṃsāra und Nirvāṇa sind von Anfang an ungeboren, erscheinen aber in der Art von Illusionen, funktionsfähig und haben von Anfang an die Natur der zehn männlichen und weiblichen Buddhas und so weiter.«***

Alle Phänomene von Saṃsāra und Nirvāṇa sind die Natur des Gewahrseins, Bodhicitta, und deshalb sind sie von Anfang an ungeboren. Doch während sie als große, ungeborene Leere bestehen, erscheinen sie, und diese erscheinenden Aspekte treten unaufhörlich auf. Die Erde und der Rest, die illusorische Phänomene sind, die ihre jeweiligen Funktionen erfüllen können, sind von Natur aus die zehn männlichen und weiblichen Sugatas, die männlichen und weiblichen Bodhisattvas und so weiter. Dies bedeutet nicht, dass die Elemente usw. auf diese Weise durch den Pfad hergestellt oder umgewandelt werden. Das bedeutet, dass sie von Anfang an diese Natur haben.

> ***»Alle Phänomene sind daher von Natur aus der Zustand des Nirvāṇa. Die fünf großen Elemente sind von Natur aus die fünf weiblichen Buddhas. Die fünf Aggregate sind die Buddhas der fünf Familien. Die vier Arten von Bewusstsein sind von Natur aus vier Bodhisattvas, und ihre vier Objekte sind von Natur aus vier wunderschöne Göttinnen. Die vier Sinneskräfte sind von Natur aus vier Bodhisattvas, und die vier Zeiten sind von Natur aus vier Göttinnen der Opfergaben.«***

Alle Phänomene sind daher seit jeher der Zustand von Nirvāṇa. Die fünf großen Elemente sind von Natur aus die fünf weiblichen Buddhas: Die Erde ist Locanā, das Wasser ist Māmakī, das Feuer ist Pāṅḍaravāsinī, der Wind ist Samayatārā und der Raum ist Dhātvīśvarī. In ähnlicher Weise sind die fünf Aggregate die Buddhas der fünf Familien: Bewusstsein ist Akṣobhya, Gefühl ist

Ratnasambhava, Wahrnehmung ist Amitābha, Konditionierungsfaktoren sind Amogasiddhi und Form ist Vairocana. Die vier Bewusstseine sind von Natur aus vier Bodhisattvas: Das Bewusstsein der Augen ist Kṣitigarbha, das Bewusstsein der Ohren Vajrapāṇi, das Bewusstsein der Nase Ākāśagarbha und das Bewusstsein der Zunge Avalokiteśvara. Bei den vier Sinnesobjekten handelt es sich naturgemäß um die vier schönen Göttinnen, die die vier Bewusstseine erfreuen: Form ist die Göttin des Bezauberns, Klang ist die Göttin des Liedes, Geruch die Göttin der Girlanden und Schmecken ist die Göttin des Tanzes. Die vier Sinnesorgane sind von Natur aus vier Bodhisattvas: Das Augenorgan ist Maitreya, das Ohr Sarvanivāraṇaviṣkambhin, die Nase Samantabhadra und die Zunge Mañjuśrī. Die vier Zeiten sind von Natur aus die vier Opfergöttinnen: Die Vergangenheit ist die Göttin der Düfte, die Gegenwart die Göttin der Blumen, die Zukunft die Göttin der Lampe und unbestimmte Zeit ist die Göttin des parfümierten Wassers.

»***Das Organ der körperlichen Empfindung, das damit verbundene Bewusstsein, sein Gegenstand und das daraus hervorgehende Bodhicitta sind von Natur aus vier männliche grimmige Gottheiten. Die vier extremen Sichtweisen von Ewigkeit, Nihilismus und dem Rest sind die vier grimmigen weiblichen Gottheiten. Das Geistbewusstsein, das vajragleiche Bodhicitta, ist von Natur aus Samantabhadra. Seine sowohl zusammengesetzten als auch nicht zusammengesetzten Objekte sind von Natur aus Samantabhadrī, die Matrix aller Phänomene.***

Alle eben genannten Dinge haben von Anfang an das Wesen eines vollkommenen, manifestierten Buddhas. Dies ist nicht etwas, das durch die Praxis des Pfades erst neu geschaffen wurde.«

Das Körperorgan, das Körperbewusstsein, die materiellen Gegenstände und die körperliche Empfindung (d.h. Große Glückseligkeit), die von letzterem ausgeht, sind die vier männlichen grimmigen Gottheiten. Da der geheime Vajra des Körperorgans bei seinem Zusammentreffen mit seinem Objekt die anderen Sinnesbewusstseine überwindet und aufhebt, werden diese vier als die vier mächtigen, grimmigen Gottheiten klassifiziert: Körperliche Empfindung ist Amṛtakuṇḍalin, das fühlende Körperorgan ist Hayagrīva, das Objekt der Empfindung ist Mahābala, und das Bewusstsein der körperlichen Empfindung ist Yamāntaka.

Die vier extremen Sichtweisen wie Eternalismus und Nihilismus sind von Natur aus die vier weiblichen grimmigen Gottheiten: der gereinigte Zustand der Sichtweise des Eternalismus ist Aṅkuśā – die Dame des Eisenhakens; in gleicher Weise ist die Sichtweise des Nihilismus Pāśā – die Dame des Lassos, die Sichtweise des Ichs ist Śṛṅkhalā – die Dame der Eisenkette und die Sichtweise der Attribute ist Ghaṇṭā – die Dame der Glocke.

Das Geistbewusstsein, der vajragleiche, unzerstörbare Geist, dessen Natur Erleuchtung ist, ist von Natur aus der Buddha Samantabhadra, der Zustand, in dem es niemals zurückzuweisende Phänomene gibt.[48] Die Objekte dieses Geistes, zusammengesetzte und nicht zusammengesetzte Phänomene, sind von Natur aus Samantabhadrī, die Matrix aller Phänomene.

Alle oben genannten sind seit jeher der offenkundige, vollkommen erleuchtete Zustand von Anfang an. Sie sind nicht etwas, das durch den Pfad neu erreicht wird.

---

48 Tib. *thams cad du dor bya'i chos med pa*. Dies ist eine Erklärung für Samantabhadras Namen: »der Allgute«. Wenn etwas abgelehnt oder verworfen werden sollte (d.h. etwas Schlechtes), wäre dieser Zustand der Buddhaschaft nicht in jeder Hinsicht gut.

Nachdem Padmasambhava auf diese Art und Weise dies seiner eigenen textlichen Tradition der Tantras entnahm, zitiert er nun andere vergleichbare Schriften. Damit zeigt er, dass zwar die Dinge als die drei Maṇḍalas erscheinen, ihr Ursprung ist jedoch Bodhicitta, die selbstentstandene Weisheit, die einzige Essenz:

> ***»Daher gibt es keine Phänomene, egal ob zusammengesetzt oder nicht zusammengesetzt (die zehn Richtungen, die drei Zeiten, die drei Welten usw.), die getrennt vom eigenen Geist existieren. Wie es heißt:***
>
> > ***Unterscheidendes Bewusstsein, unser Geist,***
> > ***sind die Buddhas und die Bodhisattvas.***
> > ***Die drei Welten sind einfach so.***
> > ***Die großen Elemente sind einfach das.«***

Somit sind alle zusammengesetzten und nicht zusammengesetzten Phänomene – die zehn Richtungen, die dreifachen, die drei Welten usw. – kein anderer als der eigene Geist, wie im *Großen Souverän der Praktiken, dem Sieg über die drei Welten,* festgestellt wird: »Wenn man in Übereinstimmung mit seinem eigenen nicht-verwirrten Geist oder der Kraft des Geistes erkennt, dass das unterscheidende Bewusstsein die eigentliche Natur der Buddhas, der Bodhisattvas und dergleichen ist, dann ist man erleuchtet. Wenn man das nicht versteht, erscheint alles als Gefäß und Inhalt, aus dem Saṃsāra besteht. Die drei Welten sind einfach das. Die großen Elemente sind einfach dies.«

> ***»Und:***
>
> > ***Alle Phänomene verweilen im Geist.***

> ***Der Geist verweilt im Raum.***
> ***Und der Raum selbst hat keinen Wohnsitz.***

Und:

> ***Alle Phänomene sind von Natur aus leer.***
> ***Alle Phänomene sind ursprünglich vollkommen rein.***
> ***Alle Phänomene sind ganz und gar strahlend.***
> ***Alle Phänomene sind von Natur aus Nirvāṇa.***
> ***Alle Phänomene sind der vollkommene, manifeste Zustand der Erleuchtung.***

So ist die Große Vollkommenheit.«

Wie im *Guhyasamāja-Tantra* gesagt wird: »Alle Phänomene verweilen im Geist.« Alles, was erscheint, ist nichts anderes als das Erscheinen des eigenen Geistes. Und: »Der Geist selbst verweilt im Raum.« Die Natur des Geistes ist ungeboren wie der Raum. »Und was den Raum anbelangt«, ist er frei von jeglichen Eigenschaften, also »verweilt er nirgendwo«.

Wir lesen auch in einer anderen Schriftstelle, dass alle Phänomene frei von bestehenden Realitäten und Merkmalen sind – sie können nicht in solche Ausdrücke wie »sie sind leer von sich selbst« eingestuft werden. Sie sind von Natur aus leer. Bei allen Phänomenen hat der Makel der Befleckungen von Anfang an nie existiert, so dass sie ursprünglich rein sind. Bei allen Phänomenen hat die Dunkelheit der Verschleierung von Anfang an nie existiert, so dass sie vollkommen strahlen. Bei allen Phänomenen gab es weder entgegenwirkende Faktoren noch Gegenmittel, daher sind sie von Natur aus Nirvāṇa. Alle Phänomene sind frei von einem Abnehmen der beiden Verdunkelungen und einem Ansammeln der beiden Ansammlungen und somit sind sie der manifeste Zustand vollkommener Erleuchtung. Dies ist die Bedeutung (oder Sichtweise) der Großen Vollkommenheit.

> ***»Die Methode der Großen Vollkommenheit (Randnotiz: ›groß‹ darin, dass die Eigenschaften des Resultats spontan präsent sind und in der Methode des Zugangs dazu, und ›Vollkommenheit‹, d.h. die Ansammlungen von Verdienst und zeitloser Weisheit sind vollkommen und vollständig) ist wie folgt.«***

An dieser Stelle gibt es eine alte Anmerkung im Grundtext: »Die Methode der Großen Vollkommenheit ist ›Vollkommenheit‹, weil die Ansammlungen von Verdienst und Weisheit vollkommen und vollständig sind und ›groß‹, weil die Qualitäten des Ergebnisses spontan vorhanden sind."

(2) Eine spezielle Erklärung der Pfade für das Anwenden der drei Methoden

Dies umfasst eine Erklärung in vier Methoden: a) vier Arten der Realisation; b) drei Wesensmerkmale; c) vier Zweige; und d) die Stufen des Eintritts in das Maṇḍala.

Die vier Arten der Realisation sind die Methode des Objekts, definiert als das, was charakterisiert wird. Die drei Wesensmerkmale sind die Methode der geschickten Mittel, definiert als ihre Merkmale. Die vier Ansätze und Ergebnisse sind die Methode des Ergebnisses, definiert als Kernanweisungen für die Vollendung. Und die Methode des Eintritts in das Maṇḍala der spontanen Präsenz wird als Eintrittsphase definiert.

Die Methoden der einzelnen Ursache und der Silben umfassen dabei die Methode des Objekts, das Realisieren durch Segen ist die Methode der geschickten Mittel, und das direkte Realisieren ist die Methode des Ergebnisses. Eine ähnliche Klassifizierung gilt für die drei Wesensmerkmale: 1) das Wesensmerkmal des Wissens ist die Methode des Objekts; 2) das Wesensmerkmal der Anwendung ist die Methode des geschickten Mittels; und 3) das Wesensmerkmal des Ergebnisses ist die Methode des Ergebnisses. Für die vier Stufen der Annäherung und Vollendung ist wiederum die Annäherung die Methode des Objekts, die nahe Annäherung und Vollendung die Methode der geschickten Mittel, und die große Vollendung ist die Methode des Ergebnisses. In ähnlicher Weise ist das Öffnen der Augen durch Hören die Methode des Objekts für die drei Stufen des Eintritts in das Maṇḍala, das Eintreten in das Maṇḍala durch Eingewöhnung ist die Methode geschickter Mittel, und das Erlangen der großen Vollendung durch Erkennen mit der Kraft der Eingewöhnung ist die Methode des Ergebnisses.

Nachdem dies klar ist, kommen wir jetzt zum ersten von diesen.

(a) Die vier Arten der Realisation

> ***»Es ist dem Weg der vier Arten der Realisation zu verdanken, dass Gewissheit gewonnen wird. Die vier Arten der Realisation sind 1) die Realisation, dass es eine einzige Ursache gibt; 2) Realisation mittels Silben; 3) Realisation durch Segen; und 4) direkte Realisation.«***

Während der Begriff »Vollendung« in Bezug auf die Tatsache verwendet wird, dass die beiden Ansammlungen vollkommen und vollständig sind, ist diese Vollendung nicht wie bei den unteren Fahrzeugen von Fortschritt und Training abhängig. Vielmehr sind der erleuchtete Körper, die Rede und der Geist von Anfang an spontan als Qualitäten des Ergebnisses präsent, weshalb der Begriff »groß« verwendet wird. Das Tor und das Mittel, um in diesen Zustand einzutreten, ist die »Methode«, und dazu ist es notwendig, Vertrauen in den Pfad der vier Arten des Realisierens zu erlangen. Die vier Arten der Realisation werden im elften Kapitel des Wurzeltantras wie folgt beschrieben:[49]

> Eine einzige Ursache, die Methode der Silben,
> des Segens und der direkten Wahrnehmung –
> mit diesen vier Arten der hervorragenden Realisation
> ist alles der große König, offensichtlich vollkommen.

Dementsprechend ist dies die Realisation, dass es eine einzige Ursache gibt: Realisation durch Silben, Realisation durch Segen und direkte Realisation. Diese vier Arten der Realisation können sowohl für diejenigen erklärt werden, die allmählich Verwirklichung erlangen, als auch für diejenigen, die dies sofort tun. Hier werden sie jedoch in Übereinstimmung mit denen erläutert, die sofort die Große Vollkommenheit erreichen, indem sie die einzige Essenz bestimmen, die selbsterscheinende Weisheit.

»Das erste ist die Realisation, dass es eine einzige Ursache gibt. Da auf letztlicher Ebene Phänomene ungeboren

---

49 *Guhyagarbha-Tantra*, Kap. 11, Vers 2. Siehe auch LONGCHEN YESHE DORJE, *Treasury of Precious Qualities*, Band 2, Anhang 3, S. 347, and JAMGÖN KONGTRUL, *The Treasury of Knowledge: Book Six, Part Four: Systems of Buddhist Tantra*, übersetzt von Elio Guarisco und Ingrid McLeod (Ithaca, N.Y.: Snow Lion Publications, 2005), 317.

sind, unterscheiden sie sich nicht voneinander. Auch auf der relativen Ebene unterscheiden sie sich nicht, da sie alle den Charakter der Illusion haben. Obwohl es ungeboren ist, erscheint es auf vielfältige Art, so illusorisch wie der im Wasser reflektierte Mond, und dennoch ist es in der Lage, Funktionen zu erfüllen. Diese Illusionen sind ohne essenzielle Natur. Sie sind ungeboren. Das Relative und das Letztendliche sind also untrennbar. Dies ist die Realisation, dass es eine einzige Ursache gibt.«

An erster Stelle steht die Realisation, dass es eine einzige Ursache (d.h. eine einzige Natur oder Basis) gibt, dass »alle Phänomene auf der letztendlichen Ebene ungeboren sind« und dass sie sich daher hinsichtlich ihrer ungeborenen Natur nicht unterscheiden. Die Erscheinungen auf der relativen Ebene unterscheiden sich auch nicht, da sie den Charakter magischer Illusionen haben, denen die wahre Existenz fehlt. Dies ist der allgemein anerkannte Standpunkt, den das gesamte Mahāyāna gemeinsam hat. Trotz der Tatsache, dass es ungeboren ist, erscheint das Ungeborene – wie der im Wasser reflektierte Mond – als eine Vielzahl reiner und unreiner Ursachen, die dennoch ihre jeweiligen Funktionen erfüllen können. Und das illusorische Erscheinungsbild ist, obwohl es erscheint, ohne wesentliche Natur – ungeboren. Daher gibt es keine Trennung zwischen dem relativen und dem letztendlichen. Sie sind vereint. Die Realisation, dass es eine einzige Ursache gibt, die selbstentstandene Weisheit, ist ein außergewöhnlicher Punkt, der von den tiefgründigen Schriften verkündet wird. Kurz gesagt, die essenzielle Natur des Bodhicitta, die selbstentstandene Weisheit, ist die untrennbare Natur von Erscheinung-Leerheit, und nichts in ganz Saṃsāra und Nirvāṇa liegt außerhalb dieser einzigen Art des Seins, der einzigen Ursache.

> ***»Dann folgt die Realisation mittels Silben. Die ungeborene Natur der Phänomene wird durch A symbolisiert, die Natur der erleuchteten Rede. Diese ungeborene Natur erscheint als illusorische Darstellung, die in der Lage ist, Funktionen auszuführen und dies wird durch O, die Natur des erleuchteten Körpers, symbolisiert. Das Gewahrsein, das dies realisiert, nämlich die illusorische zeitlose Weisheit, die ohne Mitte oder Rand ist, wird durch OM, die Natur des erleuchteten Geistes, symbolisiert. Dies ist das Realisieren durch Silben.«***

Die Realisation mittels Silben ist wie folgt. Diese Natur der Untrennbarkeit von Erscheinung und Leerheit ist auch seit jeher der erleuchtete Zustand, die daraus resultierenden Eigenschaften, die der erleuchtete Körper, die Rede und der Geist sind. Die ungeborene Natur aller Phänomene wird als die Natur der erleuchteten Rede verwirklicht, die durch den Buchstaben A symbolisiert wird. Diese ungeborene Natur, die wie magische Illusionen erscheint und die Funktionen erfüllen kann, wird als die Natur des erleuchteten Körpers symbolisiert mit dem Buchstaben O (AO).[50] Das Gewahrsein, das dies erkennt, die illusorische Weisheit, die weder Mitte noch Rand hat, wird als die Natur des erleuchteten Geistes verwirklicht, symbolisiert durch den Buchstaben OM (AOM). Darüber hinaus hat die Weisheit der ursprünglichen Vereinigung von Erscheinung und Leerheit niemals auch nur einen Hauch von etwas, das entfernt oder hinzugefügt werden müsste. Und

---

50 Obwohl es mit »o« ausgesprochen wird, ist dieser Buchstabe in Sanskrit und Tibetisch eine Verbindung, die durch Hinzufügen des *o*-Vokalzeichens zum Grundbuchstaben *a* gebildet wird. Die weitere Hinzufügung von *m* erzeugt den zusammengesetzten Buchstaben OM (AOM). Alle drei Buchstaben teilen daher denselben grundlegenden Buchstaben *a*.

da es von Natur aus vollkommen rein ist, ist Saṃsāra ursprünglich der große erleuchtete Zustand, während sein Ausdruck von Anfang an als die drei Maṇḍalas gilt. Dies wird mittels Silben verwirklicht.

> ***»Dann folgt die Realisation mittels Segen. So wie die Fähigkeit weiße Baumwolle zu »segnen« und rot zu färben im Färberkrapp bereits vorhanden ist, so liegt die Fähigkeit, alle Phänomene als erleuchtet zu segnen, darin, gesegnet zu sein durch die Kraft der Verwirklichung, dass es eine einzige Ursache und die Realisation mittels Silben gibt.«***

Realisation durch Segen ist das Wissen um die Kraft und den Segen der ersten beiden Arten der Realisation. Es ist das Wissen und die Realisation, dass so wie die Fähigkeit weiße Baumwolle zu »segnen« und rot zu färben z.B. im indischen Färberkrapp[51] vorhanden ist, so auch die Fähigkeit, alle Phänomene als ursprünglich erleuchtet zu segnen, von der Tatsache des Segens durch die Kraft der Realisation herrührt, dass es eine einzige Ursache gibt und von der Realisation durch Silben. Natürlich sind alle Phänomene von Anfang an erleuchtet, aber die Tatsache, dass sie es sind, ist für diejenigen, die diese beiden Realisationen nicht haben, keine große Hilfe. Andererseits scheint es für diejenigen, die diese beiden Realisationen haben, von Nutzen zu sein. Weil also durch die Kraft dieser beiden Realisationen alle Phänomene als ursprünglich erleuchtet erscheinen, sprechen wir von Realisation durch Segen.

---

51 Tib. *btsod,* die Pflanze *Rubia cordifolia,* deren Wurzeln einen roten Farbstoff enthalten, wird seit dem Altertum zum Färben von Textilien verwendet.

»Schließlich gibt es ein direktes Realisieren durch Wahrnehmung. Die Tatsache, dass sich Phänomene ursprünglich im erleuchteten Zustand befinden, steht nicht im Widerspruch zu den Schriften und Kernanweisungen. Auf der anderen Seite erlangt man keine direkte Realisation, indem man sich nur auf die Worte der Schriften und Anweisungen stützt. Realisation wird durch Überzeugung in den tiefsten Bereichen des Geistes durch das eigene Gewahrsein gewonnen.«

Direkte Realisation ist wie folgt. Obwohl wir im Allgemeinen eine direkte Wahrnehmung durch die Sinnesfähigkeiten usw. haben, handelt es sich hier um eine direkte Wahrnehmung durch die Fähigkeit der höchsten Weisheit, was als Bezugnahme auf unterscheidendes höchstes Erkennen verstanden werden sollte. Die Tatsache, dass sich alle Phänomene ursprünglich im erleuchteten Zustand befinden, widerspricht in keiner Weise den Schriften, in die man Vertrauen hat oder den Kernanweisungen der Linienmeister. So wie man durch Brennen, Schneiden und Reiben weiß, ob etwas Gold ist oder nicht und ob es gut, fehlerfreies Gold oder fehlerhaftes Gold von schlechter Qualität ist, zeigt eine vergleichbare Prüfung der Schriften, dass diese im Allgemeinen nicht zur Verwirrung führen. In Bezug auf die verschiedenen Arten von Schriften (letztendlich, zweckmäßig, angedeutet und indirekt) wird Vertrauen geschaffen, indem durch die Kernanweisungen jegliche Mängel in diesen Schriften beseitigt werden. Selbst wenn man über die Schriften und Anweisungen verfügt, kann man nicht einfach dem Klang der Worte folgen und sie in der Tiefe des eigenen Geistes in die Praxis umsetzen. So gelangt man nicht durch bloßes Vertrauen auf die Worte der Schriften und Kernanweisungen, sondern durch das Gewinnen von Überzeugung in den Tiefen des eigenen Geistes durch das eigene Gewahrsein oder durch unterscheidendes höchstes Erkennen zu einer direkten Realisation. Was Padmasambhava sagt, ist, dass die Schriften ein unmissverständliches Verständnis der allgemeinen Punkte vermitteln, während die Kernanweisungen verhindern, die beabsichtigte Bedeutung der Schriften auf andere Weise zu interpretieren und dass direktes Realisieren durch zeitlose Weisheit einen befähigt die Schwäche des bloßen Zuhörens usw. zu beseitigen und zu lösen.

> ***»Überzeugung, die auf dem Pfad gewonnen wurde, ist der Pfad des Yoga, das unmittelbare Wissen über die Bedeutung der vier Arten der Realisation. Dies hängt nicht von der Dauer ab, die die Ursache benötigt, um ein Ergebnis zu erzielen. Vielmehr erlangt man selbst unmittelbar Realisation und Überzeugung.«***

Die Überzeugung, die auf diese Weise durch den Pfad gewonnen wird, ist das Wissen und die Kenntnis der Bedeutung der vier Arten des Realisierens, was den Pfad des Yoga ausmacht. Dies ist keine Frage, wie es im Fahrzeug der Merkmale der Fall ist, dass die Buddhaschaft ein Ergebnis ist, das aus einer früheren Ursache stammt und von der Zeit abhängt und irgendwann in der Zukunft auftritt. Vielmehr erlangt man direkte Realisation und Überzeugung jetzt sofort durch die Fähigkeit der zeitlosen Weisheit.

(b) Die drei Merkmale

> ***»Es gibt drei Wesensmerkmale, durch die dieser krönende Abschluss erreicht wird. Ein Verständnis der vier Arten der Realisation ist das Wesensmerkmal des Wissens. Wiederholte Gewöhnung ist das Wesensmerkmal der Anwendung.***

> ***Die Verwirklichung durch die Kraft einer solchen Gewöhnung ist das Wesensmerkmal des Ergebnisses. Diese drei Wesensmerkmale zeigen die Verbindung, das Erfordernis und das letztendliche Ziel an.«***

Zweitens, durch drei Wesensmerkmale – nämlich Wissen, Anwendung und Verwirklichung – erreicht die Realisation der Bedeutung der Großen Vollkommenheit ihren Höhepunkt. Die Methode der vier Arten der Realisation zu verstehen, worin man beherzt sein muss, ist das Merkmal des Wissens – die Ursache. Sich ständig damit vertraut zu machen, ist das Kennzeichen der Anwendung, das die Bedingung ist. Die Bedeutung so zu verwirklichen, wie sie durch die Kraft einer solchen Gewöhnung ist, ist das Kennzeichen des Ergebnisses, der Höhepunkt. Hier bezieht sich das ursächliche Merkmal des Wissens auf die Sichtweise, das bedingte Merkmal der Anwendung bezieht sich auf die Meditation und das Merkmal der Verwirklichung bezieht sich auf das Ergebnis. Diese drei Methoden ermöglichen es, die Bedeutung zu vervollkommnen, und deshalb sind sie alle unverzichtbar. Die drei Wesensmerkmale geben dann die Verbindung, das Erfordernis und den Endzweck an.

> ***»›Verbindung‹ bezieht sich auf das ursächliche Wesensmerkmal des Wissens. Es ist die Realisation, dass alle Dinge, die als Phänomene des vollständigen Leidens oder der absoluten Reinheit verstandesmäßig erfasst werden, von Anfang an das Wesen des erleuchteten Körpers, der erleuchteten Rede und des erleuchteten Geistes haben. Es ist das Verständnis, dass alle Phänomene von Natur aus die letztendliche Weite des erleuchteten Zustands sind und dass dies der Sinn des Segens ist. Dieses Wissen ist die Verbindung mit dem Ziel, denn es ist der Grund für die unübertreffliche Buddhaschaft.«***

»Verbindung« bezieht sich auf das ursächliche Wesensmerkmal des Wissens. Es ist die direkte Realisation der Bedeutung des Segens. Dies geschieht zum einen durch die Realisation durch Silben: Das Verständnis, dass alle Dinge, die als Phänomene des totalen Leidens oder der absoluten Reinheit aufgefasst werden, von Anfang an die Essenz des erleuchteten Körpers, der Rede und des Geistes sind. Sie kommt auch aus der Realisation, dass es nur eine einzige Ursache gibt – nämlich, dass alle Phänomene von Natur aus die Weite des erleuchteten Zustands sind. Und das ist der Sinn der Realisation durch Segen und direkte Realisation. Womit verbindet sich diese Eigenschaft? Es ist die Ursache für unübertreffliche Buddhaschaft und damit verbindet sie sich mit dem Ziel.

> ***»›Erfordernis‹ bezieht sich auf das Wesensmerkmal der Anwendung, d.h. ohne Akzeptanz oder Ablehnung die Freude an der großen Gleichheit aller Dinge, die als Phänomene des vollständigen Leidens oder der absoluten Reinheit, der fünf Heilmittel, der fünf Nektare und so weiter verstandesmäßig erfasst werden, denn sie sind ursprünglich der erleuchtete Zustand. Dies ist ein ursächlicher Faktor für die Erreichung unübertrefflicher Erleuchtung und ist daher erforderlich.«***

»Erfordernis« bezieht sich auf das Charakteristikum der Anwendung, d.h. das Erfreuen an der großen Gleichheit ohne Akzeptanz oder Ablehnung aller Dinge, die sauber und schmutzig, rein und unrein sind, die als Phänomene des totalen Leidens oder der völligen Reinheit begriffen werden, sowie die fünf Heilmittel, die fünf Nektare, die fünf Gegenmittel, die fünf Gifte und so weiter. Denn sie sind ursprünglich die Natur des erleuchteten Zustandes. Warum ist eine solche Anwendung ein Erfordernis? Weil dies ein ausschließlicher ursächlicher Faktor für das Erreichen der unübertrefflichen Buddhaschaft ist, gibt es keine Möglichkeit, die Buddhaschaft zu erlangen, ohne die Gleichheit von Akzeptanz und Ablehnung zu erkennen.

> ***»›Letztendliches Ziel‹ bezieht sich auf das Wesensmerkmal des Ergebnisses, denn von Anfang an sind alle Dinge – die Phänomene des vollständigen Leidens und der absoluten Reinheit und insbesondere die fünf Heilmittel, fünf Nektare usw. – der erleuchtete Zustand. Sie sind spontan präsent im Zustand großer Gleichheit, jenseits von Akzeptanz und Ablehnung. Daher ist das samsarische Dasein selbst von Anfang als Wesensmerkmal von Nirvāṇa, der Natur der unübertrefflichen Buddhaschaft, spontan präsent. Diese Verwirklichung des Rades der unerschöpflichen Ornamente – der erleuchtete Körper, die erleuchtete Rede und der erleuchtete Geist – ist das letztendliche Ziel.«***

Das »letztendliche Ziel« bezieht sich auf die Eigenschaft des Ergebnisses. Alle Dinge, die im Allgemeinen als Phänomene des vollständigen Leidens und der vollständigen Reinheit bezeichnet werden, und insbesondere die fünf Arzneien, fünf Nektare usw., sind in erster Linie der erleuchtete Zustand. Sie sind im Zustand großer Gleichheit, jenseits von Akzeptanz und Ablehnung, spontan anwesend. Aus diesem Grund ist die samsarische Existenz selbst von Anfang an spontan präsent und manifestiert sich als Charakteristikum von Nirvāṇa, der Natur einer unübertrefflichen Buddhaschaft. Wenn man sich auf das bezieht, was den Geist derjenigen, die geschult werden sollen, durchdringt und alle Verschleierung wegschneidet, ist das Charakteristikum des Ergebnisses die Verwirklichung des Rades der unerschöpflichen Ornamente. Dies ist der erleuchtete Körper, die erleuchtete Rede und der erleuchtete Geist, die fortwährend und allseitig durchdringend sind – die unbegrenzte Darstellung von zeitloser Weisheit, das die Weite der Wahrheit ausfüllt und sie wie ein Türkis in Gold schmückt. Diese Verwirklichung ist also das letztendliche Ziel.

Nun mag man sich fragen, ob es keinen Widerspruch gibt zwischen der Großen Vollkommenheit, der uranfänglichen Buddhaschaft und ihrer Einstellung hinsichtlich Ursache, Bedingungen und Ergebnis. Die Wurzeltexte der niederen Fahrzeuge – Mahāyoga usw. – besagen, dass der Pfad zur Verwirklichung des Ergebnisses durch die vier Zweige der Annäherung und Vollendung führt. Dies ist jedoch in diesem Zusammenhang nicht erforderlich. Die vier Aspekte der Annäherung und Vollendung sind alle im mühelosen Yoga der spontanen Präsenz vollständig und daher wenden wir die Kernanweisung an, die Entschlossenheit, dass in Wirklichkeit keine substanziellen Ursachen, Bedingungen oder Ergebnisse vorliegen. In der letztendlichen Realität, der Natur des Bodhicitta, gibt es also keinen Unterschied zwischen dem Objekt des Wissens, seiner Anwendung und seiner Verwirklichung: Grund und Resultat sind untrennbar miteinander verbunden, ihre Natur ist die große spontane Präsenz.

(c) Die vier Zweige

»Dafür muss man sich in der yogischen Praxis bemühen, in der die Zweige der Annäherung, der nahen Annäherung, der Vollendung und der großen Vollendung spontan vorhanden sind.«

Drittens sollte man sich in Bezug auf das oben Genannte in der yogischen Praxis bemühen, in der die vier Bereiche der Annäherung und Vollendung – nämlich Annäherung, nahe Annäherung, Vollendung und große Vollendung – mühelos und spontan vorhanden sind. Dies ist die allgemeine Darstellung. In der Großen Vollkommenheit muss man sie so anwenden, dass sie die vier Stufen der Annäherung und Vollendung im Mahāyoga übersteigt – eine Art und Weise, auf die alle Dinge, die Ursache und Ergebnis umfassen (die Elemente und Aggregate oder die drei vollkommenen Befreiungen oder die Vereinigung von geschickten Mitteln und höchstem Erkennen oder die untrennbare Erscheinung und Leerheit usw.) und die als Aspekte der männlichen und weiblichen Gottheiten erscheinen, welche von Natur aus mühelos und spontan vorhanden sind.

> ***»›Annäherung‹ bezieht sich auf das Wissen von Bodhicitta. Dies ist das Verständnis, dass Phänomene immer schon von Natur aus der erleuchtete Zustand sind und nicht durch den Pfad gemacht oder als solche mittels Gegenmitteln erst erschaffen werden.«***

In dieser Hinsicht bezieht sich »Annäherung« auf das Wissen über Bodhicitta, den Grund, der die Vereinigung von uranfänglicher Reinheit und spontaner Präsenz darstellt. Dies ist das Verständnis, dass alle Phänomene des vollständigen Leidens und der absoluten Reinheit seit jeher natürlich der erleuchtete Zustand sind und nicht durch den Pfad neu gemacht oder durch Gegenmittel als solcher geschaffen wurden.

> ***»›Nahe Annäherung‹ bezieht sich auf das Wissen, dass wir selbst die Gottheit sind. Dies ist das Verständnis, dass auch wir seit jeher die Gottheit von Natur aus waren, da alle Phänomene immer schon von Natur aus der erleuchtete Zustand sind. Es ist nicht etwas, was wir erst jetzt erreichen.«***

»Nahe Annäherung« bezieht sich auf das Wissen, das aufgrund dieser Sichtweise erworben wurde, dass wir aufgrund der Natur der fünf Aggregate selbst die Gottheit sind. Dies ist das Verständnis, da alle Phänomene ursprünglich das Wesen des erleuchteten Zustands sind, auch wir ursprünglich die Natur der Gottheit sind. Es ist nicht so, dass wir jetzt so gemacht werden, als würden wir aus Sicht des Mahāyoga und anderer Fahrzeuge die Visualisierung von uns selbst als die Gottheit erzeugen.

> ***»›Vollendung‹ bezieht sich auf die Erzeugung der weiblichen Gottheiten. Dies ist das Verständnis, dass der Raum selbst aus der Weite des Raumes, der Großen Mutter, in Form der vier großen Mütter erscheint – Erde, Wasser, Feuer und Wind – und dass es von Anfang an diese Mütter sind, die alle Aktivitäten ausführen.«***

»Vollendung« bezieht sich auf die Erzeugung der weiblichen Gottheiten. Auch hier ist es nicht so, als würde man die weibliche Gottheit in Mahāyoga und anderen Fahrzeugen hervorbringen. Vielmehr entsteht aus der Weite des Raumes, der Großen Mutter, der Raum selbst als die vier großen Mütter – Erde, Wasser, Feuer und Wind. Dies ist also das Verständnis, dass dies von Anfang an die Mütter sind, die die Aktivität der Erschaffung des Raums, des Unterstützens, Zusammenführens, Reifens und Bewegens ausführen.

> ***»›Große Vollendung‹ bezieht sich auf die Verbindung von geschickten Mitteln und höchstem Erkennen. Aus der ursprünglichen Vereinigung der (fünf Arten) des höchsten Erkennens der fünf großen Mütter und der fünf Aggregate (die Väter aller Buddhas, die ohne Erwartung aus dem leeren***

Raum der Mutter erscheinen), manifestiert sich Bodhicitta in der Form der männlichen und weiblichen Bodhisattvas.«

»Große Vollendung« bezieht sich auf die gegenseitige Verbindung von geschickten Mitteln und höchstem Erkennen. In welcher Weise sind sie miteinander verbunden? Aus den weiblichen Buddhas (höchstes Erkennen, dem Fehlen einer innewohnenden Existenz in den fünf großen Elementen) und dem Raum der Mutter (Leerheit, vollkommene Befreiung) erscheinen die männlichen Gottheiten (geschickte Mittel), die Buddhas der fünf Aggregate, ungehindert, frei von Erwartung. Es ist nicht so, dass sie erst jetzt durch den Pfad vereint sind – sie sind von Anfang an vereint. Aus ihrer Vereinigung, die die Natur der Untrennbarkeit als Bodhicitta ist, entstehen alle Sinnesfelder als männliche und weibliche Bodhisattva-Manifestationen.[52] Dies ist nicht so, als ob in Mahāyoga und den anderen Fahrzeugen die Söhne und Töchter aus dem Bodhicitta der männlichen und weiblichen Gottheiten in der Vereinigung hervorgehen, sondern dass ihre Natur seit jeher der erleuchtete Zustand ist.

»Im Zustand der ursprünglichen Erleuchtung erfreut sich die Illusion in der Illusion, und im Moment der Glückseligkeit im illusorischen Strom der höchsten Glückseligkeit wird die Abwesenheit aller Merkmale, die gleich dem Raum jenseits aller Bezugspunkte stehen, völlig verwirklicht und ist spontan vorhanden. Die vier Dämonen sind unterworfen und das letztendliche Ziel ist erreicht.«

---

52 Rongzom Paṇḍita erklärt diese kurze Passage als Hinweis auf die Verbindung zwischen den drei Elementen in jeder der drei Serien: (a) geschickte Mittel, höchstes Erkennen und Bodhicitta; b) Vater, Mutter, Söhne und Töchter; und (c) die drei Türen der vollkommenen Befreiung: Leere, Abwesenheit von Attributen (was im nächsten Abschnitt erläutert wird) und Abwesenheit von Erwartung.

In diesem Zustand erfreuen sich die illusorische männliche Gottheit, die zeitlose Weisheit des Gewahrseins, am Sinnesobjekt, die illusorische weibliche Gottheit, die Weite der Wahrheit. Und darin manifestiert sich die zeitlose Weisheit der Glückseligkeit – ungehindert, nichtkonzeptuell, untrennbar, frei von Vorlieben – in jeder Hinsicht und erfährt Verwirklichung wie das Spielen von Musik. Es gibt nicht einmal den Wert eines Atoms, das dualistisch festzuhalten wäre.

Folglich ist die genüssliche Weisheit höchste Glückseligkeit aufgrund der Art und Weise, wie man im illusorischen Strom solcher Glückseligkeit tollt und sie erlebt. Das zeitlose Kontinuum der essenziellen Natur ist wie der Raum. Im Augenblick der Glückseligkeit ist die alleinige selbstentstandene Weisheit, die letztendlich die Natur der Phänomene ist – die Bedeutung des Tors der vollkommenen Befreiung, welches das Fehlen von Attributen ist, frei von allen Ausschmückungen, jenseits aller Bezugnahmen jeglicher Begrenzungen, gleich dem Raum und das geht nicht über die Umfriedung des großen Gleichmutes hinaus – ist vollständig verwirklicht und spontan präsent, ohne dass es darum geht, es herzustellen. Das dualistische Greifen, die Ursache befleckter Phänomene, wird als selbstentstandene zeitlose Weisheit gereinigt und der unaufhörliche Strom der essenziellen Natur erscheint und sammelt Verdienst an. Das Fehlen selbst des geringsten Anhaftens an Ausschmückungen und Attributen sammelt zeitlose Weisheit an. Die spontane Errungenschaft dieser beiden Ansammlungen, diese große, selbstentstandene zeitlose Weisheit, bezwingt die vier Arten von Dämonen und erreicht das endgültige Ziel.

Die vier Dämonen werden auf folgende Weise unterworfen. Mit dem Zweig der Annäherung überwindet die Konzentration des Ungeborenen, die durch das Wissen über Bodhicitta gekennzeichnet ist, den Dämon des Todesherrn. Durch die nahe Annäherung überwindet die illusionsgleiche Konzentration, die sich durch das Wissen auszeichnet, dass man selbst die Gottheit ist, den Dämon der Aggregate. Mit dem Zweig der Vollendung überwindet die unbefleckte Konzentration, die durch die Erzeugung der weiblichen Gottheit gekennzeichnet ist, den Dämon der Befleckungen. Und mit der großen Vollendung überwindet die Konzentration, die jenseits aller Bezugspunkte und dem Raum gleich ist und die durch die Vereinigung von geschickten Mitteln und höchstem Erkennen gekennzeichnet ist, den Dämon als »Kind der Götter« bekannt, den Dämon der ablenkenden Unterbrechungen. Somit ist der Pfad, der die Kraft hat, dass man die vier Dämonen überwindet, der vollkommen reine Weg, d.h. der große Pfad der spontanen Vollendung ohne Anstrengung.

(d) Die vier Stufen des Eintretens in das Maṇḍala

»Alle Phänomene sind von Anfang an vollkommen rein und sind ein Maṇḍala jenseits aller Dimensionen, ein riesiger unermesslicher Palast, der jeden Wunsch erfüllt. Um in dieses ursprüngliche, unübertroffene Maṇḍala zu gelangen, muss man die Augen öffnen, was durch das Hören der Texte der Fahrzeuge mit geschickten Mitteln erreicht wird. Wenn man ihre Bedeutung versteht, ist dies das Sehen des Maṇḍala. Wenn man sich damit vertraut gemacht hat, sobald man einmal verstanden hat, ist dies das Eintreten ins Maṇḍala. Und wenn, nachdem man in das Maṇḍala eingetreten ist, dieses offensichtlich wird, ist die große Vollendung erreicht.«

Der Vorgang für das Betreten des Maṇḍalas der Großen Vollkommenheit hängt nicht wie bei den unteren Fahrzeugen von Bemühungen ab, wie dem Errichten oder dem Auslegen eines Maṇḍalas. Es ist der magische Ausdruck aller Phänomene, der von Anfang an vollkommen rein ist als das Maṇḍala des unermesslichen Palastes, unbegrenzt von räumlichen und zeitlichen Abgrenzungen und die jeden möglichen Wunsch erfüllen. Der Eintritt in dieses ursprüngliche, unübertroffene Maṇḍala, das jenseits von Dingen wie farbigen Pulvern und Bildern liegt, besteht zunächst in der Weisheit, die beim Zuhören entsteht, indem man von seinem Lehrer die Texte der Großen Vollkommenheit und der anderen Fahrzeuge der geschickten Mittel hört.[53] Diese Texte, wie das dreizehnte Kapitel des *Guhyagarbha-Tantra,* vermitteln zusammen mit den Kernanweisungen ein Verständnis der Bedeutung der uranfänglichen Buddhaschaft. Durch das Hören auf diese Weise werden die Augen geöffnet. Den Sinn dieser Texte zu verstehen und die Weisheit zu nutzen, die aus der Reflexion kommt, bedeutet, das Maṇḍala zu sehen. Vertrautheit damit zu erlangen, auf der Grundlage des eigenen Verstehens, das die in der Meditation entstehende Weisheit nutzt, bedeutet, in das Maṇḍala einzutreten, d.h. Ermächtigung zu empfangen. Und wenn man in das Maṇḍala einmal eingetreten ist, wird es offensichtlich und die große Vollendung ist erreicht.

»Diese Methode ist der Gipfel, die Große Vollkommenheit. Die Stufe des Großen Rades der Ansammlungen der Silben wird spontan betreten. Wesen mit den schärfsten Fähigkeiten haben verstanden, dass uranfängliche Erleuchtung bedeutet, dass sie von Anfang an erleuchtet waren, und sie

---

53 Die Mittel der geschickten Mittel sind Mahāyoga, Anuyoga und Atiyoga.

schreiten kraftvoll auf dem Weg fort. Ihre Handlungen sind nicht die Handlungen gewöhnlicher Wesen.«

Dieser Abschnitt des Textes von Padmasambhava wurde gelehrt, um zu zeigen, dass diese Methode der Großen Vollkommenheit die erlesenste von allen ist. Diese Methode ist der Höhepunkt aller Ursachenfahrzeuge und Ergebnisfahrzeuge. Es ist die Große Vollkommenheit, der Zustand vollkommener Gleichheit. Es gibt nichts höheres zu erreichen. Das Ergebnis dieses Pfades ist der mühelose und spontane Einstieg in das Große Rad der Ansammlungen der Silben.

Im Allgemeinen wird im Merkmalsfahrzeug die Stufe der Buddhaschaft in der Regel als »universelles Licht« bezeichnet, da es durch das Abstrahlen zahlreicher Lichtstrahlen Wesen zu geeigneten Gefäßen macht. Im Vajrayāna gibt es normalerweise drei Ebenen der Buddhaschaft. Universelles Licht ist der Dharmakāya, frei von Merkmalen, der alles ganz natürlich mit strahlendem Licht durchdringt. Lotus-Geschmückt ist der Grund für anhaftungsloses Mitgefühl, der Zustand, in dem nichtkonzeptuelle Weisheit die Bedeutung des Dharmakāya sieht, obwohl es nichts zu sehen gibt. In Bezug auf das Große Rad der Ansammlung der Silben wird in diesem Moment die Natur des Maṇḍalas der Weisheiten und Attribute mühelos und spontan verwirklicht. »Silben« bezieht sich in diesem Zusammenhang auf zwei Dinge: Weisheiten und Merkmale; und Merkmale werden wieder in zwei Teile unterteilt: Name und Form. Die Form ist auch zweifach und erscheint ganz oder teilweise. Das spontan anwesende Große Rad der Ansammlungen dieses Maṇḍala mit den daraus resultierenden Qualitäten wird sowohl als Stufe des Großen Rades der Ansammlungen der Silben als auch als dreizehnte Stufe, der Stufe der Buddhaschaft, bezeichnet.

In diesem Zusammenhang haben die Wesen mit den schärfsten geistigen Fähigkeiten verstanden, dass der ursprünglich erleuchtete Zustand bedeutet, dass sie von Anfang an erleuchtet waren, und in einem Augenblick gewinnt ihre Vertrautheit damit an Macht, ohne dass sie von den mühsamen Aktivitäten des Pfades abhängig sind. Ihr Fortschritt ist augenblicklich und hat nichts mit den Bemühungen der gewöhnlichen Wesen zu tun, wie darüber nachzudenken und sich damit vertraut zu machen.

> ***»Egal wie oft gewöhnliche Menschen dies auch hören und darüber nachdenken mögen, sie werden kein Vertrauen in diese Wahrheit und Tiefgründigkeit gewinnen. Da es schwierig ist, Vertrauen zu haben und sie es mit ihrem gewöhnlichen Verstand zu erfassen suchen, realisieren sie nicht, wie wahr und tiefgründig es ist. Stattdessen richten sie sich nach ihrer eigenen Erfahrung und schlussfolgern, dass diese für alle gleich sei. ›Es ist alles ein Haufen Lügen‹, sagen sie, indem sie außergewöhnliche Wesen herabwürdigen und eine Haltung der Ablehnung entstehen lassen. Deshalb ist diese Lehre äußerst geheim und wird auch als geheimes Fahrzeug bezeichnet.«***

Egal wie oft gewöhnliche Wesen das hören und ernsthaft über solche Punkte nachdenken können, werden sie kein Vertrauen in die Wahrheit und extreme Tiefgründigkeit dieser Lehre gewinnen. Da es für sie schwierig ist, Vertrauen zu gewinnen und es mit ihrem gewöhnlichen Geist zu verstehen, und sie dessen Wahrheit und Tiefe nicht anerkennen, beurteilen sie anhand ihrer eigenen Erfahrung und denken, dass die Erfahrung aller anderen genauso ist. Sie halten es für völlig falsch, zu sagen, dass alle – diejenigen, die die Große Vollkommenheit und alle Phänomene erkannt haben – von Anfang an erleuchtet sind. So verachten sie Wesen mit außergewöhnlichen Fähigkeiten und dies führt zu einer ablehnenden Haltung gegenüber dem Mahāyāna. Aus diesem Grund muss diese Lehre äußerst geheim gehalten werden, weshalb der Lehrer[54] sie selbst als das »geheime Fahrzeug« bezeichnet hat.

> ***»Bis ihre Schüler verstanden haben, dass alle Phänomene seit jeher der erleuchtete Zustand sind, nutzen Lehrer die niederen Fahrzeuge, um den Wesen zu helfen. Und um zu vermeiden, dass das Potenzial dieser Wesen vergeudet wird, sollten sie mit den Mängeln von Saṃsāra, den Qualitäten von Nirvāṇa und allen Fahrzeugen gut vertraut sein. Schüler sollten nicht von einem Lehrer geleitet werden, der in einigen Aspekten unbewandert ist. All dies wurde ausführlich gelehrt.«***

Bis ihre Schüler die intellektuelle Fähigkeit entwickeln, die Tatsache vollständig zu verstehen, dass alle Phänomene ursprünglich der erleuchtete Zustand sind, nutzen Lehrer die niederen Fahrzeuge, um den Wesen auf den Pfaden der Götter und Menschen, der Śrāvaka, der Pratyekabuddhas und so weiter zu helfen und so verschwenden sie nicht das spirituelle Potenzial ihrer Schüler. Aus diesem Grund gibt es ausgedehnte Passagen in den Sūtras und Tantras, in denen erwähnt wird, dass der Meister für die Schüler mittlerer Intelligenz mit den Mängeln des Saṃsāra, dem Lob der Qualitäten Nirvāṇas und allen Stufen der verschiedenen Fahrzeuge vertraut sein sollte und im Einklang mit der Erfahrung der Schüler sie nacheinander in diese Punkte unterweisen sollte. Und die Schüler ihrerseits sollten nicht von Lehrern geleitet werden, die einige Aspekte der verschiedenen Fahrzeuge nicht kennen.

---

54 Tib. *ston pa*, bezieht sich auf Buddha Śākyamuni.

B. Eine Erklärung der verschiedenen Arten yogischer Disziplin

1. Kurze Einführung

> ***»Neben den verschiedenen Sichtweisen gibt es auch spezifische Formen spiritueller Übung und yogischer Disziplin. Diejenigen, die über keine spirituelle Übung verfügen, sind die Unreflektierten oder die Nihilisten. Diejenigen, die über eine spirituelle Übung verfügen, weisen vier Arten von Praktiken auf: das weltliche Training der Materialisten und Eternalisten, die spirituelle Übung der Hörer (Śrāvaka), die spirituelle Übung der Bodhisattvas und die unübertreffliche spirituelle Übung.«***

Aufgrund der Unterschiede zwischen den obigen Sichtweisen sind unterschiedliche resultierende Qualitäten erwünscht, und daher gibt es auch verschiedene spezifische Formen des körperlichen Trainings[55] und der yogischen Disziplinen oder Praktiken, um die früheren Konditionierungen und Lebensweise des Praktizierenden zu verändern. Was auch immer die Sicht bestimmt (wie ein Auge), es folgt das spirituelle Training und die yogische Disziplin (wie die Füße).

Aufgrund der Unterschiede zwischen den Sichtweisen können spirituelle Schulungen stattfinden oder auch nicht. Es gibt zwei Sichtweisen, die nicht mit spirituellem Training verbunden sind:

---

[55] Tib. *dka 'thub,* verschiedenartig übersetzt als »asketische Praxis«, »Entsagung« und so weiter, bezieht sich in diesem Zusammenhang nicht nur auf verschiedene Arten der Kasteiung, sondern auf die gesamte Palette von Praktiken, die ein gewisses Maß an Selbstdisziplin und Anstrengung erfordern.

die von weltlichen unreflektierten Wesen und von nicht-buddhistischen Nihilisten. Der Grund dafür ist, dass ihre Sichtweisen nichts beinhalten, was verwirklicht werden muss.

Die Sichtweisen, die mit spirituellem Training verbunden sind, da sie implizieren, dass etwas vollbracht werden muss, bestehen aus vier Arten. Erstens gibt es die Schulungen der weltlichen Materialisten und nicht-buddhistischen Eternalisten, die weltliche Praktiken ausüben, die nicht mit dem Pfad der Befreiung verbunden sind. Dann gibt es die spirituelle Ausbildung der Śrāvaka und die der Bodhisattvas. Beide stellen überweltliche Pfade dar. Schließlich gibt es das unübertreffliche spirituelle Training.

2. Detaillierte Erklärung

> ***»Die Unreflektierten sind im Hinblick auf das karmische Gesetz von Ursache und Wirkung unwissend und beschäftigen sich daher mit keiner spirituellen Ausbildung. Genauso wenig die Nihilisten, denn sie haben eine nihilistische Sichtweise. Um sich in diesem Leben einen Vorteil zu verschaffen, beschäftigen sich die Materialisten mit Praktiken wie ritueller Sauberkeit. Um das Selbst, von dem sie glauben, dass es das gibt, zu reinigen, geben sich die Eternalisten irrtümlich der Entsagung hin, wie der Kasteiung des Körpers und der Tortur der fünf Feuer, sowie anderen Übungen der yogischen Schulung.«***

Wie oben im Zusammenhang mit ihrer Sichtweise erwähnt, wissen weltliche unreflektierte Wesen nichts über Ursachen und Ergebnisse und wissen daher nichts darüber, was sie annehmen und vermeiden sollten. Sie folgen daher keinem spirituellen Training.

Die nicht-buddhistischen Nihilisten haben eine Sichtweise, die Ursache und Ergebnis leugnet, so dass sie nicht an einem Nutzen für das zukünftige Leben interessiert sind. Folglich unterziehen sie sich auch keiner spirituellen Disziplin. Diese beiden Gruppen sind ohne jegliche spirituelle Praxis.

Von jenen, die einem spirituellen Training folgen, haben die weltlichen Materialisten Praktiken wie rituelle Reinheit, um Macht, Vieh und andere Mittel zu erlangen, die ihnen in diesem Leben Überlegenheit verleihen. Die nicht-buddhistischen Eternalisten geben sich, um das bleibende Selbst zu reinigen, von dem sie glauben, dass es dieses gibt, fälschlicherweise sinnlosen Härten hin – Entbehrungen wie das Ertragen der fünf Feuer (vier Feuer an den Himmelsrichtungen und die Sonne darüber), die ihren Körper durch Hitze- und Kälteeinwirkung und andere derartige Prüfungen strapazieren – und auch in grundlegenden yogischen Disziplinen wie dem Handeln wie ein Hund oder Schwein.

»Die Übungen der Śrāvaka werden im Vinaya beschrieben:

> ***Gib alle unheilsamen Taten auf,***
> ***vollführe beständig tugendhafte Handlungen***
> ***und zähme deinen Geist vollkommen.***
> ***Dies ist die Lehre des Buddha.***

Die Śrāvaka denken, dass positive und negative Phänomene sowohl auf relativer als auch auf letztendlicher Ebene bestehen, und sie folgen der spirituellen Übung und der yogischen Disziplin Tugend auszuführen und Negativität zu vermeiden.«

In Bezug auf die spirituelle Übung der Śrāvaka fasst der Vinaya die drei Übungen zusammen:

> Gib jede üble Tat auf.

Dies bezieht sich auf die Übung in Disziplin, die das Gegenteil des Weges der zehn unwirksamen Handlungen darstellt, insbesondere falsche Handlungen wie die vier äußerst schwerwiegenden Handlungen, die als Hauptvergehen gelten: Töten, Nehmen von etwas, das nicht gegeben ist, sexuelles Fehlverhalten und Lügen erzählen.

> Praktiziere Tugendhaftes gut.

Dies entspricht der Übung in höchstem Erkennen – dem erhabenen Pfad, dem zu folgen ist und den resultierenden Qualitäten, die erreicht werden sollen. Sie alle sind im höchsten Erkennen enthalten, das die unmissverständliche Realisation der Bedeutung der vier Wahrheiten ist.

> Und unterwirf vollkommen deinen Geist.

Dies bezieht sich auf die Übung des Geistes[56] – das heißt, sich von äußeren Ablenkungen abzuwenden und in der Konzentration des einsgerichteten meditativen Gleichgewichts zu üben.

> Dies ist die Lehre des Buddha.

Diese letzte Zeile bestätigt den Vers als maßgebend. Im Gegensatz zu den nicht-buddhistischen Schriften wie denen des Īśvara,

---

56 Tib. *sems kyi bslab pa,* auch bekannt als Übung in Konzentration (*ting nge 'dzin gyi bslab pa*).

ist er wahr und jeder kann sich darauf verlassen, denn er wurde vom Buddha gelehrt; er ist der heilige Dharma, der hervorragend gesprochene Vinaya.

Dementsprechend sind die Śrāvaka der Ansicht, dass alle positiven und negativen Phänomene sowohl auf der relativen als auch auf der letztendlichen Ebene existieren, was bedeutet, dass alle Phänomene, die dem relativen Bewusstsein erscheinen, auch dem letztendlichen Bewusstsein erscheinen, so dass sie auf beiden Ebenen existieren. Daher folgen sie mit ihrem Körper und ihrer Rede der spirituellen Übung und der yogischen Disziplin, Tugend umzusetzen und Unheilsames zu vermeiden.[57]

Früher wurden im Abschnitt über die Sicht die Pratyekabuddhas separat vorgestellt, aber hier wird ihr spirituelle Übung nicht erwähnt, weil es dem der Śrāvakas ähnelt.

»Die spirituelle Übung der Bodhisattvas wird in ›Die Gelübde eines Bodhisattvas‹ beschrieben:

> ***Nicht den Umständen entsprechend von Nutzen zu sein;***
> ***wundersame Kräfte zur Einschüchterung nicht***
> ***einzusetzen usw.***
> ***Solche Fehler fehlen bei denen, deren Absichten***
> ***tugendhaft sind,***
> ***denn sie sind voller Mitgefühl und Liebe.***[58]

---

57 Da die Śrāvaka die Lehren des Buddha als etwas wahrnehmen, als ob sie wirklich existieren würden, glauben sie an die wahre Existenz von positiven und negativen Handlungen und üben daher entsprechend.

58 Wie nachstehend erklärt wird, können Bodhisattvas auf barsche Mittel und wundersame Kräfte zurückgreifen, um zu verhindern, dass andere große Übel tun. Wenn sie dies nicht tun, begehen sie die letzten beiden der sechsundvierzig zweitrangigen Verfehlungen.

Was auch immer Bodhisattvas tun, egal ob positiv oder negativ, wenn sie von großem Mitgefühl durchdrungen sind, werden sie ihre Gelübde nicht beschädigen. Kurz gesagt, das Bodhisattva-Gelübde besteht darin, auf der Grundlage großen Mitgefühls zu handeln.«

Als Nächstes wird die spirituelle Übung der Bodhisattvas beschrieben. Um alle fühlenden Wesen aus dem Meer von Saṃsāra zu befreien, kultivieren sie die Absicht, die zeitlose Weisheit der Allwissenheit zu erlangen. Dies ist der Hauptteil ihrer Gelübde. Aber bis sie diese zeitlose Weisheit der Allwissenheit erlangt haben, können sie den Wesen nicht nützen. Wenn sie es erreichen wollen, sind drei Dinge unabdingbar: die Ursache, die Bodhicitta ist; die Wurzel, die Mitgefühl ist; und die Vollendung, die Fähigkeit in geschickten Mitteln ist. Die Faktoren, die diesen entgegenwirken und die für Bodhisattvas von Natur aus beschämende Handlungen[59] sind, sind

---

Die letzten beiden Zeilen dieses Verses können auf zwei Arten gelesen werden. Auf der einen Seite sind Bodhisattvas frei von Fehlern, wenn es ihnen nicht gelingt, Wesen zu unterwerfen. Auf der anderen Seite, wenn sie mit barschen Mitteln Wesen unterwerfen, sind sie nicht fehlerbehaftet, weil sie solche scheinbar negativen Taten aus Mitgefühl und Liebe vollbringen und ihre Absichten völlig tugendhaft sind.

59 Schändliche Taten (wörtl. »nicht zu erwähnen« oder »nicht gelobt«) umfassen alle Arten von Fehlverhalten und sind zweierlei Arten – solche, die von Natur aus negativ sind (tib. *rang bzhi gyi kha na ma tho ba*), wie die zehn unheilsamen Handlungen und solche, bei denen Gelübde verletzt werden (tib. *bcas pa'i kha na ma tho ba*). Im Gegensatz zu den vier grundlegenden Vergehungen (tib. *pham pa bzhi*) des Prātimokṣa, die Verstöße gegen die Mönchsgelübde einschließen, werden die vier grundlegenden Vergehungen der Bodhisattvas hier als naturgemäß negativ angesehen, da sie gegen die Natur von Bodhicitta verstoßen. Trotzdem werden sie als »radikale Vergehungen« bezeichnet, weil sie das Fundament des Bodhisattva-Gelübdes zerstören.

ihre vier Hauptniederlagen – nämlich das Aufgeben von Bodhicitta (was im Gegensatz dazu steht, Bodhicitta zu ergreifen); das Versagen, Lebewesen zu schützen, auf Grund von Geiz; böswillig Wesen schädigen (diese beiden letzten Fehler sind mit Mitgefühl nicht vereinbar); und den heiligen Dharma aufzugeben, was der Fähigkeit der geschickten Mittel widerspricht. Wenn sie frei von diesen vier Faktoren und von Mitgefühl erfüllt sind, müssen Bodhisattvas sowohl körperlich als auch verbal handeln, um Wesen zu zähmen. Wie wir in den *Zwanzig Versen über die Gelübde eines Bodhisattvas* feststellen, führt ein Versäumen des Ausführens von Aktivitäten des Unterwerfens zum Wohle der Wesen, wenn diese als Mittel zur Schulung von Wesen geeignet sind, zu einer Beschädigung des Bodhisattva-Gelübdes. Und zu versäumen, die Wesen durch die dem Anschein nach ehrlose Verwendung von Zaubertricks, um sie zu betrügen, zu missbrauchen oder einzuschüchtern usw., führt ebenfalls zu einer Beschädigung des Gelübdes. Warum ist das so? Aufgrund ihrer liebevollen und mitfühlenden Haltung sind die Absichten der Bodhisattvas tugendhaft; selbst wenn sie barsch handeln, sind sie ohne Fehler.[60] Vorausgesetzt, sie sind von der Motivation des großen Mitgefühls durchdrungen, egal was sie tun, ob tugendhaft oder scheinbar negativ, wird ihre Bodhisattva-Gelübde durch keine ihrer Aktivitäten beschädigen. Zusammenfassend kann gesagt werden, dass das Bodhisattva-Gelübde auf der Grundlage von großem Mitgefühl ausgeführt wird.

»Die unübertreffliche Übung wird im ›Sūtra des großen Samaya‹ beschrieben:

[60] Siehe Fußnote 58 weiter oben.

Bei denjenigen, die äußerste Gewissheit in Bezug auf Buddhas Fahrzeug haben,
selbst der Genuss aller fünf Unreinheiten und Sinnesfreuden
wird der Höhepunkt der Disziplin sein,
so makellos wie Lotusblüten unbefleckt vom Schlamm.«

Die spirituelle Übung des unübertrefflichen Geheimnisses wird im *Sūtra des Großen Samaya* erwähnt. In denjenigen, deren Geist die größte Gewissheit oder Vertrauen in Bezug auf das Fahrzeug des Buddha hat – die unübertroffene große Gleichheit von geschickten Mitteln und Weisheit –, selbst wenn man sich all den fünf Befleckungen und fünf Sinnesfreuden hingibt, hinterlässt es keinen Makel. Sie sind wie Lotusblütenblätter, die vom Schlamm nicht beschmutzt sind. Für solche erhabenen Individuen wird die gesamte Disziplin der Śrāvaka und die Gelübde der Bodhisattvas vollkommen und vollständig sein.

»Alle Phänomene befinden sich seit jeher im Zustand der Gleichheit, sodass Mitgefühl nicht etwas ist, dass zu kultivieren wäre und Wut nicht etwas, dass es zu vermeiden gilt. Dies bedeutet jedoch nicht, dass Mitgefühl nicht für diejenigen entsteht, die nicht verstehen.«

Weil sich alle Phänomene von Anfang an im Zustand der Gleichheit befinden, haben wir von Anfang an Mitgefühl. Es ist unmöglich, davon getrennt zu werden, und es ist nicht etwas, das man kultivieren kann. Und da der Ärger keine spezifischen Merkmale aufweist, kann er nicht aufgegeben werden. Die beabsichtigte Bedeutung dieser Passage ist, weil alles von Anfang an im Zustand der Gleichheit ist, liegt keine Übertretung vor, wenn man von diesem Verständnis der Gleichheit erfüllt ist.

Zusammenfassend lässt sich festhalten, dass das Gelübde des Śrāvaka die Vermeidung von Taten umfasst, die Lebewesen schädigen. Das Bodhisattva-Gelübde beinhaltet zusätzlich die Durchführung von Aktivitäten, die den Wesen zugutekommen. Die Gelübde der geheimen Mantras beinhalten, diese beiden ersten, sowie die Ausübung der Aktivitäten der Tathāgatas. In Bezug auf die Beziehung zwischen geistigen Zuständen und tatsächlichen Taten wird bei den Gelübden der Śrāvaka den Handlungen selbst die größte Bedeutung beigemessen. Bei den Bodhisattva-Gelübden ist Mitgefühl das Hauptanliegen. Und im Fall des geheimen Mantras steht zeitlose Weisheit an erster Stelle. Wieder folgen die Śrāvaka dem Beispiel der erhabenen Arhats der Vergangenheit, Bodhisattvas folgen dem Beispiel der erhabenen Bodhisattvas, die auf den großen Stufen weilen, und diejenigen, die das geheime Mantra praktizieren, folgen dem Beispiel der Tathāgatas selbst.

Die Gleichheit der Phänomene mag verwirklicht worden sein, aber dies bedeutet nicht, dass Mitgefühl nicht für diejenigen entsteht, die dies nicht realisiert haben, oder für diejenigen, die die acht Fahrzeuge praktizieren, die dies nur teilweise getan haben: Mitgefühl frei von Konzepten entsteht aufgrund seiner Natur spontan.

> ***»Und in dem Ausmaß, in dem man, soweit es die eigene Sicht betrifft, die ursprünglich vollkommene Reinheit verwirklicht hat, werden auch die spirituelle Übung und die yogische Disziplin vollkommen rein sein.«***

Kurz gesagt, in Bezug auf das Samaya der großen Gleichheit im geheimen Mantrayāna gibt es absolut nichts in der gesamten Praxis, das unrein wäre. In dem Maße, in dem man die Sichtweise realisiert, dass die Dinge von Anfang an vollkommen rein sind, wird auch die spirituelle Übung und die yogische Disziplin auf eine vollkommen reine Weise geübt. Dieser letzte Satz wurde als eine weitere Zusammenfassung des Samayas des Mantrayāna der großen Gleichheit geschrieben und zeigt, wie es sich von den spirituellen Übungen und den yogischen Disziplinen der unteren Fahrzeuge unterscheidet.

III. Abschluss

A. Die Schüler, für die diese Anweisungen gedacht sind

»Genauso wie jene Blindgeborenen, die spontan ihre Sehkraft erlangen, wenn sie außergewöhnlichen Wesen begegnen, die die Kraft des höchsten Erkennens und der geschickten Mittel besitzen, mögen sie auf diese geheime Girlande der Sichtweisen treffen.«

Die geheime Lehre mit dem Titel »*Eine Girlande der Sichtweisen*« (so genannt, weil sie in einer fortlaufenden Reihenfolge, gleich einer Girlande angeordnet ist und die unterschiedlichen höheren und niedrigeren Sichtweisen und ihren Zweck zusammenfasst) fasst in wenigen Worten die Bedeutung aller Fahrzeuge in Form von Kernanweisungen zusammen, die leicht zu merken sind. Mit wenigen Worten ermöglicht sie uns, viele wichtige Punkte zu verstehen und in dieser Hinsicht ist sie wie eine leuchtende Lampe. Sie ist jedoch etwas, das geheim gehalten werden muss, wie ein kostbares Juwel oder gemäß einer anderen Erklärung, sollte sie durch die geschickten Mittel des großen Mitgefühls geheim gehalten werden, denn der Blick auf die Große Vollkommenheit ist das Vornehmste von allen.

So wie es Menschen gibt, die, blind geboren, gar nichts sehen können, die jedoch dank ihres Verdienstes eines Tages eine Chance auf ein wertvolles Juwel haben oder auf natürliche Weise ihr Augenlicht erlangen, ebenso gibt es Wesen, die, von anfangsloser Ignoranz geblendet, noch nie die Wahrheit gesehen haben und die dennoch aufgrund ihrer früheren Verdienste einem spirituellen Meister begegnen, durch den sie die Augen des dreifachen höchsten Erkennens gewinnen und die Kraft des höchsten Erkennens und der geschickten Mittel entdecken und anwenden und so zu Gefäßen für die Lehren der natürlichen Große Vollkommenheit werden. Es war für überragende Wesen wie diese gedacht, als Padmasambhava das Gebet sprach, dass sie auf diese tiefgründige Lehre treffen mögen, deren Bedeutung in dieser kostbaren Belehrung enthalten ist.

B. Kolophon, der die Vollendung des Textes markiert

> ***»Damit ist die essenzielle Anweisung, genannt ›Eine Girlande der Sichtweisen‹, abgeschlossen.«***

Damit ist die Kernanweisung »*Eine Girlande der Sichtweisen*« abgeschlossen, die vom großen Meister Padmasambhava verfasst wurde, als er Tibet verließ. Er verfasste sie für König Trisong Detsen und andere Schüler auf einer Wiese am Pfauensee des Roten Felsens, nachdem er zum Zeitpunkt der Abschiedszeremonie drei Lieder gesungen hatte.[61]

---

[61] Bei seiner Abreise aus Tibet gab Guru Padmasambhava seinen Schülern verschiedene Lehren, Gebete und so weiter.

Durch den Verdienst dies geschrieben zu haben,
möge ich, in diesem und in meinen zukünftigen Leben,
in das Vajra-Herz von Padma Mañjuśrī eintreten
und alle tiefgründigen und entscheidenden Punkte der vollkommenen Sicht verstehen.
Und möge ich für die Wesen Licht auf den hervorragenden Pfad des Buddha scheinen lassen.
Ich, Mipham, schrieb dies in einer einzigen Sitzung.
Maṅgalam.[62]

Diese Originalnotizen von *Jamgön Mrawa'i Senge Mipham Ösel Dorje*, der mit der strukturellen Gliederung aus dem Kommentar des Herrn der Geheimnisse, Lodrö Thaye, ausgestattet wurde, wurden während des »Das alles Verwirklichende« (*don grub*) – Jahres des weiblichen Erdschaf-Jahres des 53. Jahres des 15. Jahreszyklus (1919), im Bergrücken in Shechen abgeschrieben. Sie wurden von dem großen Halter der Lehrkörbe, dem Khenchen Lama Kunzang Palden, korrigiert und abgeschlossen.

Die Kernanweisungen, eine destillierte Essenz der Linien der Siegreichen und Vidyadharas,
wurden im Ozean von Padmasambhavas Geist aufbewahrt
und dem Gefolge glücklicher Minister als Anweisungen dargeboten –
ein wertgeschätztes Juwel für diejenigen, die Buddhas Lehren folgen.

Sogar am Ende der Zeit bleibt das Fresko der Bestrebung,
die im Geist des obersten Beschützers geboren ist, unbefleckt.

---

62 Maṅgalam (Skt.): »Möge es glücksverheißend sein.«

Warum sollten diejenigen, die den Segen der kurzen Linie besitzen,
nicht das Glück haben, diesen Nektar zu genießen?

Für sie habe ich die Notizen des Jamgön Lama demütig kopiert,
ohne sie, meiner Meinung nach, mit meinen eigenen Ideen zu verdrehen.
Irgendwelche Fehler, die ich gemacht habe, beruhen auf den Mängeln meines Intellekts –
bitte seht sie mir nach, Ihr, die das Dharma-Auge haben!

Dies wurde von Jamyang Lodrö Gyamtso[63] geschrieben. Möge Tugend sich einstellen!

---

63 Jamyang Lodrö Gyamtso ist einer der Namen von Shechen Gyaltsap Pema Gyurme Namgyal (1871–1926).

Glossar

Aggregate, siehe fünf Aggregate.

Alleinverwirklicher, Tib. *rang sangs rgyas*, Skt. *pratyekabuddha*. Der Begriff bezog sich auf Anhänger des **Grundlagenfahrzeugs**, die auf eigene Faust Befreiung (die Beendigung des Leidens) ohne Hilfe eines spirituellen Lehrers erlangen. Obwohl einige Alleinverwirklicher mit scharfem Intellekt allein »wie Nashörner« bleiben, müssen andere mit stumpfem Verstand in großen Gruppen »wie Schwärme von Papageien« bleiben. Die Praxis von Alleinverwirklichern besteht insbesondere in der Meditation über die zwölf Glieder des abhängigen Entstehens.

Arhat (Skt.), Tib. *dgra bcom pa*, ein Würdiger. Die tibetische Übersetzung dieses Begriffs bedeutet »jemand, der den Feind besiegt hat« (der Feind sind die Befleckungen). Arhats sind Praktizierende des **Grundlagenfahrzeugs** (d.h. **Hörer** [Śrāvaka] oder **Alleinverwirklicher** [Pratyekabuddha]), die das Beenden des Leidens erreicht haben, d.h. **Nirvāṇa**, aber nicht die perfekte Buddhaschaft des **Großen Fahrzeugs**.

Befleckungen, Tib. *nyon mongs pa*, Skt. *kleśa*. Geistige Faktoren oder störende Emotionen, die Gedanken und Handlungen beeinflussen und Leiden erzeugen. Für die fünf Hauptbefleckungen *siehe* **fünf Gifte**.

Bodhicitta (Skt.), Tib. *byang chub kyi sems*. Wörtlich »Geist der Erleuchtung«. Auf der relativen Ebene ist es der Wunsch, Buddhaschaft für alle Wesen zu erlangen, ebenso wie die Praxis des Pfades der Liebe, des Mitgefühls, der sechs transzendenten Vollkommenheiten und so weiter, die notwendig sind, um dieses Ziel zu erreichen; auf letztendlicher Ebene ist es die direkte Einsicht in die ultimative Natur.

Bodhisattva (Skt.), Tib. *byang chub sems dpa'*. Ein Anhänger des **Großen Fahrzeugs**, dessen Ziel die vollkommene Erleuchtung für alle Wesen ist. Einer, der das Bodhicitta-Gelübde abgelegt und die sechs transzendenten Vollkommenheiten praktiziert.

Cittamātrin (Skt.), Tib. *sems tsam pa*. Wird auch Yogācārin genannt. Ein Anhänger der Philosophie der Nur-Geist-Schule des **Großen Fahrzeugs**, basierend auf den Lehren von Asaṅga.

Dharmakāya (Skt.), Tib. *chos sku*. Wörtlich »Dharma-Körper«: der Aspekt der Leerheit der Buddhaschaft; auch als »Körper der Wahrheit«, »absolute Dimension« übersetzt.

Diamantfahrzeug, Tib. *rdo rje'i theg pa*, Skt. *vajrayāna*, auch als geheimes Mantrayāna bezeichnet, ein Zweig des **Großen Fahrzeugs**, der die speziellen Techniken der Tantras verwendet, basierend auf der Realisation der diamantähnlichen Natur des Geistes und der Verwendung des Ergebnisses als Pfad, um den Pfad der Erleuchtung für alle Wesen schneller zu verfolgen.

Erhabenes Wesen, Tib. *'phags pa*, Skt. *ārya*. Auch »edles Wesen«. Normalerweise jemand, der den **Pfad des Sehens** im **Großen Fahrzeug** erreicht hat, ein **Bodhisattva** auf einer der zehn Bodhisattva-Ebenen; in den Fahrzeugen der Śrāvaka und Pratyekabuddhas, ein «in-den-Strom-Eintretender« (Śrotāpanna), ein noch einmal Rückkehrender (Sakṛdāgāmin), ein Nichtrückkehrer und ein **Arhat**.

Fahrzeug mit Merkmalen, Tib. *mtshan nyid theg pa*, Skt. *lakṣaṇayāna*. Wird auch als kausales Fahrzeug von Merkmalen bezeichnet. Das Fahrzeug, das den Pfad als Ursache für die Erleuchtung lehrt. Dazu gehören die Fahrzeuge der **Hörer**, **Alleinverwirklicher** und **Bodhisattvas** (d.h. die Bodhisattvas, die den Sūtra-Pfad und nicht die der Mantras üben). Es unterscheidet sich vom resultierenden Fahrzeug der Mantras, der das Ergebnis (das heißt Erleuchtung) als Pfad nimmt.

fünf Aggregate, Tib. *phung po lnga*, Skt. *pañcaskandha*. Die fünf psychophysischen Komponenten, in die eine Person analysiert werden kann und die zusammen die Illusion eines Selbst erzeugen. Sie sind Form, Gefühl, Wahrnehmung, Konditionierungsfaktoren und Bewusstsein.

fünf Gifte, Tib. *dug lnga*; Die fünf Befleckungen, die Verwirrung, Anhaftung, Hass, Stolz und Eifersucht sind.

fünf Pfade, Tib. *lam lnga*. Die Pfade der Ansammlung, der Verbindung, des Sehens, der Meditation und des Lernens. Diese umfassen fünf verschiedene Abschnitte des Pfades zur Erleuchtung, die aufeinander folgen.

Großes Fahrzeug, Tib. *theg pa chen po*, Skt. *mahāyāna* Das Fahrzeug der Bodhisattvas, das als »großartig« bezeichnet wird, weil es alle Wesen zur vollkommenen Buddhaschaft führt.

Grundlagenfahrzeug, Tib. *theg dman*, Skt. *hīnayāna* Wörtlich »Kleineres Fahrzeug« (in Bezug auf das Mahāyāna oder Großes Fahrzeug): Das Fahrzeug der **Zuhörer** und **Alleinverwirklicher**, das zum Zustand des **Arhats** führt.

Hörer, Tib. *nyan thos*, Skt. *śrāvaka*. Ein Anhänger des **Grundlagenfahrzeugs**, dessen Ziel die Befreiung als **Arhat** ist.

Mādhyamikas (Skt.), Tib. *dbu ma pa*, die Anhänger von Nāgārjuna, die sich an den Madhyamaka halten, den Mittleren Weg, der die Extreme von Existenz und Nichtexistenz vermeidet.

Maṇḍala (Skt.), Tib. *dkyil 'khor*. Wörtlich »Mitte und Rand«. Das Universum mit dem Palast der Gottheit in der Mitte, wie in tantrischer Praxis visualisiert.

Nirvāṇa (Skt.), Tib. *mya ngan las 'das pa*. Wörtlich »über das Leiden hinaus« oder »die Überwindung des Elends«. Während dies leicht als Ziel der buddhistischen Praxis, dem Gegenteil von **Saṃsāra** oder der zyklischen Existenz, verstanden werden kann, ist es wichtig zu erkennen, dass der Begriff von den verschiedenen Fahrzeugen unterschiedlich verstanden wird. Das Nirvāṇa des **Grundlagenfahrzeugs**, der Friede der Beendigung, den ein **Arhat** erreicht, unterscheidet sich sehr vom »Nichtverweilen« eines Buddhas im Nirvāṇa, dem Zustand vollkommener Erleuchtung, der sowohl Saṃsāra als auch Nirvāṇa übersteigt.

Pfad der Ansammlung, Tib. *tshogs lam*. Der erste der **fünf Pfade** laut Bodhisattva-Fahrzeug. Auf diesem Weg sammelt man die Ursachen, die es ermöglichen, zur Erleuchtung zu gelangen.

Pfad der Meditation, Tib. *sgom lam*. Der vierte der **fünf Pfade**, auf denen ein Bodhisattva die restlichen neun der **zehn Ebenen** durchquert.

Pfad des Sehens, Tib. *mthong lam*. Der dritte der **fünf Pfade**, das Stadium, in dem ein Bodhisattva in der Meditation eine echte Erfahrung der Leere erlangt und die erste der **zehn Stufen** erreicht.

Prātimokṣa (Skt.), Tib. *so sor thar pa*. Wörtlich »individuelle Befreiung«: der Sammelbegriff für die verschiedenen Formen der buddhistischen Ordination und ihre jeweiligen Gelübde, wie sie in der **Vinaya** festgelegt sind.

Samantabhadra (Skt.), Tib. *kun tu bzang po*, »Allgut«. (1) Der ursprüngliche Buddha (Skt. *Adibuddha*), die Quelle der Linie der Tantra-Übertragungen der Nyingma-Schule; er, der niemals in Täuschung geraten ist, der absoluter Buddhakörper, dargestellt als nackte Figur, tiefblau wie der Himmel, in Vereinigung mit Samantabhadrī, als Symbol von Gewahrsein-Leerheit, der reinen, letztendlichen Natur, die immer präsent und ungehindert ist; (2) der Bodhisattva Samantabhadra, einer der acht bedeutendsten Bodhisattva-Schüler Buddhas Śākyamuni, der für die Art und Weise bekannt ist, in der er durch die Kraft seiner Konzentration auf wundersame Weise die von ihm dargebrachten Opfergaben vervielfachte.

Samantabhadrī (Skt.), Tib. *kun tu bzang mo*. Die Gefährtin von **Samantabhadra**.

Samaya (Skt.), Tib. *dam tshig*. Wörtlich »Versprechen«. Heilige Verbindungen zwischen Lehrer und Schüler und auch zwischen Schülern im **Diamantfahrzeug**. Das Sanskrit-Wort *Samaya* kann Übereinkunft, Engagement, Konvention, Gebot, Grenze und so weiter bedeuten. Obwohl es viele detaillierte Verpflichtungen gibt, ist es das wichtigste Samaya, den Körper, die Sprache und den Geist des Lehrers als rein zu betrachten.

Saṃsāra (Skt.), Tib. *'khor ba*. Wörtlich »Rad«. Zyklische Existenz, die endlose Runde von Geburt, Tod und Wiedergeburt, in der Wesen als Folge ihrer Handlungen und Befleckungen leiden.

Selbst, Tib. *bdag*, Skt. *ātman*. In der buddhistischen Philosophie wird der Begriff »Selbst« verwendet, um die falsche Vorstellung von einer dauerhaften, einzelnen und unabhängigen Entität zu bezeichnen, unabhängig davon, ob sie auf ein persönliches Ich-Gefühl oder einen göttlichen Schöpfer angewendet wird.

Sinnesfelder, Tib. *skye mched*, Skt. *āyatana*; Auch Sinnesgrundlagen, Wahrnehmungsquellen und so weiter. Die zwölf Āyatanas umfassen die sechs Sinnesorgane und die sechs Sinnesobjekte. Zusammen ergeben sie die sechs Sinnesbewusstseine.

Sugata (Skt.), Tib. *bde bar gshegs pa*. Wörtlich »jemand, der in die Glückseligkeit gegangen ist«. Ein Beiname eines Buddhas.

tathāgata (Skt.), Tib. *de bzhin gshegs pa*, »einer, der zu Soheit gegangen ist«. Ein Buddha; einer, der die Soheit, die letztendliche Realität erreicht oder verwirklicht hat. Auch jemand, der »so gekommen ist«, ein Buddha im Manifestationskörper (*nirmaṇakāya*), der in der Welt erschienen ist, um den Wesen zu nützen.

totale Bedrängnis, Tib. *kun nas nyon mongs pa,* Skt. *saṃkleśa.* Das Gegenteil von völliger Reinheit, gleichbedeutend mit **Saṃsāra**, verbunden mit der Wahrheit des Leidens und der Wahrheit des Ursprungs [des Leidens].

Vier Edle Wahrheiten, Tib. *'phags pa'i bden pa bzhi,* Skt. *caturāryasatya.* Die Wahrheit des Leidens, die Wahrheit des Ursprungs des Leidens, die Wahrheit der Beendigung und die Wahrheit des Pfades. Diese bilden die Grundlage der Lehre von Buddha Śākyamuni, die erste Lehre, die er (in Sarnath bei Varanasi) nach seiner Erleuchtung gab.

Vinaya (Skt.), Tib. *'dul ba.* Wörtlich »Zähmung«. Der Teil der Lehre Buddhas, der sich mit Disziplin und insbesondere mit den Gelübden der Mönchsordination befasst.

vollständige Reinheit, Tib. *rnam par byang ba,* Skt. *vyavadāna,* das Gegenteil von **totalem Leid**, gleichbedeutend mit Befreiung und **Nirvāṇa**, verbunden mit der Wahrheit des Pfades und der Wahrheit der Beendigung.

weltlich, Tib. *'jig rten pa.* Das Gegenteil von überweltlich ist alles, was Saṃsāra nicht übersteigt. Übersetzungen dieses Begriffs als »gewöhnlich« oder »weltlich« können irreführend sein, da nicht-buddhistische Meditierende, die die vier Dhyānas beherrschen (jedoch ohne von Saṃsāra befreit zu sein) und immense Konzentrationskräfte, magische Kräfte usw. besitzen, nicht wirklich als »gewöhnlich« bezeichnet werden können, noch sind sie notwendigerweise weltlich im Sinne von materialistischem Denken oder haben nur an der gegenwärtigen Welt Interesse.[64]

Yogācārin, *siehe* **Cittamātrin**.

zehn Stufen, Tib. *sa bcu*, Skt. *daśabhūmi*. Die zehn Stufen der Verwirklichung, durch die ein erhabener **Bodhisattva** zur Erleuchtung voranschreitet, beginnend mit der ersten Ebene auf dem **Pfad des Sehens**. Die neun anderen Ebenen treten auf dem **Pfad der Meditation** auf. Die achte, neunte und zehnte Ebene werden als drei reine Ebenen oder große Ebenen bezeichnet.

zehn transzendente Vollkommenheiten, Tib. *pha rol tu phyin pa bcu*, Skt. *dāśapāramitā*. Transzendente Großzügigkeit, Disziplin, Geduld, Fleiß, Konzentration und Weisheit, zusammen mit transzendenten Mitteln, Wunschgebet, Stärke und Gnosis. Jede dieser zehn Pāramitās wird hauptsächlich auf einer der zehn Bodhisattva-Ebenen geübt – Großzügigkeit auf der ersten Ebene, Disziplin auf der zweiten und so weiter. Sie werden als »transzendent« bezeichnet, weil ihre Praxis die Verwirklichung der Sicht der Leere beinhaltet.

zehn unheilsame Handlungen, Tib. *mi dge ba bcu*, Skt. *daśākuśala*. Töten, Stehlen, sexuelles Fehlverhalten, Lügen, trennende Rede, harsche Rede, bedeutungsloses Geschwätz, Begierde, Bosheit und falsche Sicht.

---

64 Im englischen wird deshalb »mundane« – »alltäglich« – verwendet. (A.d.Hg.)

Bibliografie

Abkürzungen

T Tohoku Katalog des Kangyur und Tangyur

Ng Nyingma Gyubum, in der Tibetan and Himalayan Library, »Catalog of the Master Edition of the Collected Tantras of the Ancients,« www.thlib.org/encyclopedias/literary/canons/ngb/catalog.php#cat=ng

Im Text zitierte Werke

Great Sovereign of Practices, the Victory over the Three Worlds (*'jig rten gsum las rnam par rgyal ba rtog pa'i rgyal po chen po, Trailokyavijaya-mahākalparājā*). T482.

Guhyagarbha-Tantra (*gsang ba'i snying po, Tantra of the Secret Essence*). T832, Ng 524 et seq.

Guhyasamāja-Tantra (*gsang ba 'dus pa, Union of Secrets Tantra*). T442.

Kāśyapa Chapter (*'od srung gis zhus pa'i mdo* [sic, vielleicht *'od srung gi le'u*], *Kāśyapaparivarta-sūtra*) im *Ratnakūṭa*. T87.

Parinirvāṇa Sūtra (*myang 'das [Yongs su mya ngan las 'das pa chen po'i mdo], Mahāparinirvāṇa-sūtra*). T119.

Sūtra of the Great Samaya (*Dam tshig chen po'i mdo*). Ein Tantra. Wir waren nicht in der Lage, irgendeine noch vorhandene Arbeit, die mit diesem Titel korrespondiert und die vom Autor zitierte Passage enthält zu lokalisieren, aber es scheint so, dass der zitierte Text zur *Guhyagarbha*-Literatur gehört.

Twenty Verses on the Vows of a Bodhisattva (*byang chub sems dpa'i sdom pa nyi shu pa, Bodhisattva-saṃvara-viṃśaka*). Eine Abhandlung von Candragomin. T4081.

Tibetische Kommentare zu »Eine Girlande der Sichtweisen«

Jamgön Kongtrul Lodrö Taye (*'jam mgon kong sprul blo gros mtha' yas*): *»man ngag lta ba'i phreng ba'i tshig don gyi 'grel zin mdor bsdus pa zab don pad tshal 'byed pa'i nyi 'od ces bya ba.«*

Rongzom Paṇḍita (*rong zom pa chos kyi bzang po*): *»man ngag lta phreng gi 'grel pa rong zom paṇḍita chen po chos kyi bzang pos mdzad pa.«*

Tsultrim Zangpo (*tshul khrims bzang po*): *»man ngag lta ba'i phreng ba'i dgongs don rtogs sla'i bsdus 'grel blo gros 'dab stong 'byed pa'i nyi snang zhes bya ba.«*

Englischsprachige Quellen

Dalton, Jacob: »*A Crisis of Doxography: How Tibetans Organized Tantra during the 8th–12th Centuries.*« Journal of the International Association of Buddhist Studies 28, no. 1 (2005). 115–81.

Dudjom Rinpoche: »*The Nyingma School of Tibetan Buddhism.*« Übersetzt von Gyurme Dorje and Matthew Kapstein. Boston: Wisdom Publications, 1991.

Kongtrul, Jamgön: »*The Treasury of Knowledge: Book Six, Part Four: Systems of Buddhist Tantra.*« Übersetzt von Elio Guarisco und Ingrid McLeod. Ithaca, N.Y.: Snow Lion Publications, 2005.

–: »*The Treasury of Knowledge: Book Six, Part Three: Frameworks of Buddhist Philosophy.*« Übersetzt von Elizabeth M. Callahan. Ithaca, N.Y.: Snow Lion Publications, 2007.

–: »*The Treasury of Knowledge: Book Six, Parts One and Two: Indo-Tibetan Classical Learning and Buddhist Phenomenology.*« Übersetzt von Gyurme Dorje. Boston: Snow Lion, 2012.

Longchen Yeshe Dorje, Kangyur Rinpoche: »*Treasury of Precious Qualities.*« 2 Bände. Übersetzt von Padmakara Traslation Group. Boston: Shambhala Publications, 2010–13.

Shantarakshita: »*The Adornment of the Middle Way.*« Übersetzt von Padmakara Translation Group. Boston: Shambhala Publications, 2005.

Khordong Commentary Series:

I MARTIN J. BOORD. *A Bolt Of Lightning From The Blue, The vast commentary on Vajrakīla that clearly defines the essential points.* edition khordong. Berlin, 2002. reprint: Wandel Verlag. Berlin, 2010

II JAMES LOW. *Being Right Here, Commentary on The Mirror of Clear Meaning by Nuden Dorje.* Snow Lion. New York & Colorado, 2004

II.dt – *Hier und Jetzt Sein. Ein Kommentar zu »Don Sal Melong« – »Der Spiegel der klaren Bedeutung«, ein Dzogchen-Schatztext von Nuden Dorje.* Überarbeitete Neuauflage, edition khordong, Wandel. Berlin, 2018

II.pl – *Być tu i teraz.* wydawnictwo A. Kraków, 2005

II.it – *Esserci, Un commento a »Lo specchio del chiaro significato.«* Ubaldini Editore. Roma, 2005

II.fr – *Le Miroir au Sens Limpide. Tresor du Dzogchen.* Éditions Almora, 2009

II.es – *Aquí y ahora.* Ediciones Dharma, España, 2011

II.pt – *Estar Cá Presente Um Texto Do Tesouro Dzogchen De Nuden Dorje Intitulado O Espelho Do Signi cado Claro.* partly and digital only. 2017

III JAMES LOW. *Being Guru Rinpoche, Commentary on Nuden Dorje's Terma: The Vidyadhara Guru Sadhana.* Trafford. Canada, 2006

III.pl – *Być Guru Rinpocze.* Wydawnictwo Norbu. 2006

III.dt – *Eins mit Guru Rinpoche.* edition khordong. Berlin, 2007. reprint: edition khordong, Wandel Verlag. Berlin, 2012

III.fr – *Dans le Mandala de Padmasambhava.* Editions Khordong.France. Lyon, 2008

III.es – *SER GURU RIMPOCHÉ.* Ediciones Dharma. España, 2013

IV TULKU TSULTRIM ZANGPO (TULKU TSURLO). *The Five Nails – A Commentary on the Northern Treasures Accumulation Praxis.* edition khordong, Wandel Verlag. Berlin, 2011

IV.dt – *Die Fünf Nägel – Ein Kommentar zu den Vorbereitenden Übungen der Nördlichen Schätze.* edition khordong, Wandel. Berlin, 2011

V RIG-'DZIN RDO-RJE (MARTIN J. BOORD). *A Roll of Thunder from the Void, Vajrakīla Texts of the Northern Treasures Tradition, Volume Two.* edition khordong, Wandel Verlag. Berlin, 2010

VI CHIMED RIGDZIN RINPOCHE, JAMES LOW. *Radiant Aspiration, The Butterlamp Prayer: Lamp of Aspiration.* Simply Being. London, 2011

VI.dt – *Lichter der Weisheit, Das Butterlampen-Wunschgebet von Chhimed Rigdzin Rinpoche. Mit einem Kommentar von James Low.* edition khordong, Wandel Verlag, 2014

VI.pl – *Ą Świetliste Dążenie.* kuntuzangpo.net, 2013

VI.es – *La Aspiración Radiante.* Ediciones Dharma, España, 2017

VII.tib TULKU TSULTRIM ZANGPO (TULKU TSURLO). *Boundless Vision. A Byangter Manual on Dzogchen Training. An Outline Commentary on the Boundless Vision of Universal Goodness (Kun bZang dGongs Pa Zang Thal).* Tibetischer Text. edition khordong, Wandel. Berlin, 2012

VIII RIG-'DZIN RDO-RJE (MARTIN J. BOORD). *Illuminating Sunshine, Buddhist funeral rituals of Avalokiteśvara.* edition khordong, Wandel. 2012

IX.dt JAMES LOW. *Zuhause im Spiel der Wirklichkeit, Ein Kommentar zum Dzogchen Schatztext »Unmittelbares Aufzeigen der Buddhaschaft jenseits aller Klassifizierung« von Nuden Dorje.* edition khordong, Wandel, 2012

X RIG-'DZIN RDO-RJE (MARTIN J. BOORD). *Gathering the Elements, An overview of the Vajrakīla tradition. Vajrakīla Texts of the Northern Treasures Tradition, Volume One.* edition khordong, Wandel. 2013

XI RIGZIN PEMA TINLEY/KHENPO CHOWANG. *The Path of Secret Mantra: Teachings of the Northern Treasures Five Nails. Pema Tinley's guide to vajrayāna practice.* edition khordong, Wandel. Berlin, 2014

XII RIG-'DZIN RDO-RJE (MARTIN J. BOORD). *A Blaze of Fire in the Dark, Homa rituals for the fulfilment of vows and the performance of deeds of great benefit. Texts of the Northern Treasures Tradition, Volume Three.* edition khordong, Wandel. Berlin 2015

XIII – *A Cloudburst of Blessings, The water initiation and other rites of empowerment for the practice of the Northern Treasures Vajrakīla, Vajrakīla Texts of the Northern Treasures Tradition, Volume Four.* edition khordong, Wandel Verlag. 2017

XIV JAMES LOW. *Finding Freedom. Texts from the Theravadin, Mahayana and Dzogchen Buddhist traditions.* Introduced and translated by James Low with the guidance of Chimed Rigdzin Rinpoche. edition khordong, Wandel Verlag. Berlin, 2019

XV RIG-'DZIN RDO-RJE (MARTIN J. BOORD). *An Overwhelming Hurricane, Overturning samsara and eradicating all evil, Texts from the cycles of the Black Razor, Fierce Mantra & Greater than Great, Vajrakīla Texts of the Northern Treasures Tradition, Volume Five.* edition khordong, Wandel. Berlin 2020

Weitere Titel

Die Geheimen Dakini-Lehren, Padmasambhavas mündliche Unterweisungen der Prinzessin Tsogyal, Ein Juwel der Tibetischen Weisheitsliteratur. Überarbeitete Neuausgabe: : Klassiker Wiederaufgelegt, Bd. 1. edition khordong, Wandel Verlag. Berlin, 2011

TULKU THONDUP. *Die verborgenen Schätze Tibets, Eine Erklärung der Termatradition der Nyingmaschule des Buddhismus.* Überarbeitete Neuausgabe: Klassiker Wiederaufgelegt, Bd. 2. edition khordong, Wandel Verlag. Berlin, 2013

The Seven Chapters of Prayer, as taught by Padma Sambhava of Urgyen, known in Tibetan as Le'u bDun Ma. Translated by CHHIMED RIGDZIN RINPOCHE & JAMES LOW. With an introduction by JAMES LOW. Practice texts. edition khordong. Berlin, 2008. reprint: Wandel. Berlin, 2010

Das Gebet in sieben Kapiteln gelehrt von Padmasambhava (Le'u bDun Ma), editiert von Chhimed Rigdzin Rinpoche. Übersetzt aus dem tibetischen von CHHIMED RIGDZIN RINPOCHE & JAMES LOW. Mit einer Einführung von JAMES LOW. Praxistext. edition khordong. Berlin, 2008. Überarbeitete Neuauflage: Wandel Verlag. Berlin, 2020

Die Fünf Nägel, Die vorbereitenden Übungen der Nördlichen Schätze. Überarbeiteter und ergänzter Praxistext. edition khordong, Wandel. Berlin, 2013

James Low. *Aus dem Handgepäck eines Tibetischen Yogi – Grundlegende Texte der Dzogchen-Tradition.* Überarbeitete Neuausgabe: Klassiker Wiederaufgelegt, Bd. 3. edition khordong, Wandel Verlag. Berlin, 2013

Keith Dowman. *Der Flug des Garuda, Fünf Dzogchen-Texte aus dem tibetischen Buddhismus.* Erweiterte & überarbeitete Neuausgabe: Klassiker Wiederaufgelegt, Bd. 4. edition khordong, Wandel, Berlin, 2015

Dudjom Rinpoche. *Die Klausur auf dem Berge, Dzogchen-Lehren und Kommentare.* Erweiterte & überarbeitete Neuausgabe: Klassiker Wiederaufgelegt, Bd. 5. edition khordong, Wandel Verlag. 2016

James Low. *Gesammelte Schriften von Chimed Rigdzin Rinpoche (C.R. Lama), Zusammengestellt und herausgegeben von James Low.* edition khordong, Wandel Verlag. Berlin, 2016

Dudjom Lingpa. *Buddhaschaft ohne Meditation, Eine visionäre Beschreibung, bekannt als »Verfeinerung der eigenen Wahrnehmung« (Nang-jang).* edition khordong, Wandel Verlag. Berlin, 2016

Chögyam Trungpa. *Das Herz des Buddha. Buddhistische Lebenspraxis im modernen Alltagsleben.* Durchgesehene Neuausgabe: Klassiker Wiederaufgelegt, Bd. 7. edition khordong, Wandel Verlag. Berlin, 2019

Jigme Lingpa. *Chöd Khandro Gadgyang. Sound of Dakini Laughter. The Methode for Cutting the Ego.* Praxistext. edition khordong, Wandel. 2020

Padmasambhava & Jamgön Mipham. *Die Girlande der Sichtweisen. Ein Leitfaden zu Sicht, Meditation und Resultat der Neun Fahrzeuge.* edition khordong, Wandel Verlag. Berlin, 2020

Tulku Thondup. *Heilung Grenzenlos: Meditative Übungen, die den Geist erleuchten und den Körper heilen.* Durchgesehene Neuausgabe: Klassiker Wiederaufgelegt, Bd. 8. edition khordong, Wandel Verlag, Berlin, 2021

James Low. *Freiheit Erlangen. Buddhistische Texte des Theravada, Mahayana und Dzogchen.* Eingeleitet und übersetzt aus dem Tibetischen von James Low. edition khordong, Wandel Verlag, Berlin, 2022

Jigme Lingpa. *Chöd Khandro Gadgyang. Das freudvolle Lachen der Dakinis. Die Methode zum Abschneiden des Ego.* Praxistext. edition khordong, Wandel Verlag, Berlin, 2022

Abhaya Datta Sri, Mondub Sherab. *Die Legenden der 84 Mahasiddhas. Die Leben der Meister des Tantra.* Übersetzt von Keith Dowman & Bhaga Tulku Pema Tenzin, Illustriert von Robert Beer. Durchgesehene Neuausgabe: Klassiker Wiederaufgelegt, Bd. 9.
edition khordong, Wandel Verlag, Berlin, 2023

In Vorbereitung

Jamgön Mipham. *Die leuchtende Essenz – Ein Leitfaden für das Guhyagarbha-Tantra* (AT)

Rig-'dzin rdo-rje (Martin J. Boord). *A Fortress of Solid Rock. Summoning the Protectors. Collected texts of invocation from the Northern Treasures Tradition.*

Tulku Tsultrim Zangpo (Tulku Tsurlo). *The Boundless Vision Of Universal Goodness. The manual of immediate clarity. An instructional book on the boundless vision of Dzogpa Chenpo (Gonpa Zangthal).* (AT)

James Low. *Dies ist es! Die Große Vollendung enthüllen.* (AT)

James Low. *Die heilende Kraft der Leerheit. Dzogchen Lehrreden.* (AT)

Karl Brunnhölzl. *Milarepas Kungfu. Mahāmudrā in seinen Liedern der Verwirklichung.* (AT)

Jay Valentine. *The Clarifying Ray of Sunlight. The Life of Rigdzin Gödem.* (AT)

The Five Nails, the accumulation praxis of the Northern Treasures. Practice text. Überarbeitet und ergänzt. Englisch und Deutsch.

Die Sadhana von Chenresig, der alle Wesen befreit, Drowa Kundrol, die äußere Praxis des Drubkor Namsum, Terma von Rigdzin Godem (*'Gro Ba Kun Grol*). Praxistext.

The Sadhana of Chenresig, the being who liberates all beings, the outer ritual of the Drubkor Namsum cycle, ter of Rigdzin Godem ('Gro Ba Kun Grol).

Ekajaṭī

Rāhula

Dorje Lekpa

Shenpa Marnak

Weitere Texte sind in Vorbereitung.
Bitte besucht uns auf: www.wandel-verlag.de

Sowie »liked« uns auf:
www.facebook.com/wandel.verlag/

Sarva Maṅgalam

Wir unterstützen NatureFund beim Pflanzen von Bäumen (105WN):

BPC-105WN

ISBN 9783942380300